SD選書 268

メタル建築史

もうひとつの近代建築史

難波和彦著

鹿島出版会

はじめに——技術史から見た近代建築史

工学技師は、経済の法則に立脚し、計算によってみちびかれて、われわれを宇宙の法則と和合させてくれる。かくて調和に達する。[1]

ル・コルビュジエが『建築をめざして』のなかでこう書いたとき、彼の脳裏にあったのは、目的を正確に実現する道具としての透明なテクノロジーであった。それは次のような定義にぴったりと符合している。

技術とは人間実践（生産的実践）における客観的法則性の意識的適用である。[2]

モダニズムの建築デザインを支えていたのはこのようなテクノロジー観である。レイナー・バンハムやロバート・ヴェンチューリはテクノロジーに対するこのような考え方を批判しつづけたが、決定的な反証をもたらしたのは一九六〇年代後半に噴出した公害問題だった。それ以後、全世界的に反テクノロジー運動が広ま

1 ル・コルビュジエ著、吉阪隆正訳『建築をめざして』鹿島出版会、一九六七年

2 武谷三男著『弁証法の諸問題』勁草書房、一九六八年

り、モダンなテクノロジーの透明神話は崩壊した。

このとき二つのことが明らかになった。ひとつは、テクノロジーはつねにノイズをはらんでいるということである。つまり客観的法則性を目的に結びつける手段としてのテクノロジーは、よしんば目的を実現したとしても、必ず目的から外れた副産物を生み出すということである。それが新しい発見に結びつく場合もあるが、多くの場合は有害な結果をもたらすのである。

もうひとつは、テクノロジーが現実の生産物に適用されるとき、両者の結びつきには複数のルートがあるということである。テクノロジーは唯一の答えを出すのではない。テクノロジーの産物はかならずそれを適用する人間のイメージを媒介にして表現されるのである。ル・コルビュジエがとり上げた自動車、客船、飛行機、サイロといった当時の最新テクノロジーの産物も例外ではなかった。ただしル・コルビュジエの意識の上では、上に挙げた一連のテクノロジーとその産物はストレートに結びついていた。だからこそ建築家はテクノロジーと産物の間に介入し、明晰な形態感覚によって洗練された表現を生み出すことができるとル・コルビュジエは考えたのである。

現代ではさすがにこのようなテクノロジーの透明性を信じている人はいない。しかしテクノロジーと表現が何の媒介もなく直接的に結びつくこともあると考える人は依然として多いように思える。インダストリアル・ヴァナキュラーな工作物が現代版の「建築家なしの建築」として持てはやされることが、そのことを証明している。インダストリアル・ヴァナキュラーな工作物では、デザインという人為的な操作を媒介せずに、目的がそのまま表現されているというわけである。もしそれが本当ならば純粋な技術主義が可能ということになる。しかし残念ながらそれは神話である。ひとつの目的に対しては必ず複数の手段があるからである。それをひとつのデザインに決定するのは、テクノロジーや機能とは独立した形態システムである。デザイナーの作品とインダストリアル・ヴァナキュラーの違いは、形態システムが意識的に操作されているか、無意識の回路にしたがっているかの違いにすぎない。インダストリアル・ヴァナキュラーな工作物においては、目的や機能がストレートに表現されているという主張は「ものを見ない眼」（ル・コルビュジエ）というほかない。注意深く観察すればわかることだが、外見を見ただけで直ちに機能が判別できるようなインダストリアル・ヴァナキュラーな工作物はほとんど存在しない。目的や機能の表現として見るなら、むしろデザインされたものの方が明確である場合が多い。ただそのような形態や表現のあいまいさが見る人の想像力を喚起し、さまざまな神話を生み出すのである。

モダニズムの建築デザインがテクノロジーや機能に表現の根拠を求めたのは、それまでの建築が様式によってがんじがらめになっていたからだった。しかしモダニズムの建築デザインは形態システムそのものを捨てたわけではない。それは意識の上のテクノロジーと機能に隠れて、機械のイメージとなって無意識のなかに忍び込んだ。形態システムをはっきりと意識化したル・コルビュジエはその意味でモダニズムを超えている。

イズムはいつも意識の上にあるものだけにとらわれる。そしてその反動が意識の否定となって現れる。それがインダストリアル・ヴァナキュラー礼賛である。しかし意識を否定してもテクノロジー自体が透明になるわけではない。抑圧された形態システムは無意識のイメージとなって表現の隙間に滑り込んでくる。それによって生み出されるのはテクノロジーと機能の露出ではなく、むしろその神秘化と曖昧化である。

以上のような視点を前提にして、本論ではメタル建築の歴史を概観してみたい。メタル建築とは、金属を積極的にデザインにとり入れた建築のことをいう。近代建築を生み出した材料はコンクリート、鉄、ガラスだといわれているが、本論ではそのうちの鉄に焦点を当てることになる。メタル建築の主流が鉄骨建築であることはいうまでもない。しかし鉄には鋳鉄、錬鉄、鋼鉄、高張力鋼などさまざまな種類があるし、鉄以外にもアルミニウム、亜鉛、鉛、錫、チタンといった金属が建築材料として使われている。さらに近代建築では金属は主構造だけでなく内外装仕上げ、建具、設備機械類にも使われてきた。本論ではメタル建築をそうした多様な金属を使った建築の総称としてとらえることにする。

メタル建築が本格的に出現するのは一九世紀になってからである。これは産業革命によって金属を大量に生産できる精錬技術が生み出されたことに起因する。メタル建築は手工業を中心とする伝統的な建築生産技術ではなく、近代的な工業生産技術によってつくり出された。

近代的な工業技術の背景には近代的な科学があり、近代的な科学は合理的・論理的な思考方法によって支えられていた。したがってメタル建築を近代特有の合理的・論理的思考の空間的な表現としてとらえることもできる。その意味でメタル建築の歴史をたどることは、近代建築の歴史をひとつの視点から見直すことだといえるだろう。言い換えれば、それは近代建築史のひとつの側面に焦点を当てることであり、それ自体がひとつの建築史観の提唱にほかならない。それは工業化、機械化、分業化、軽量化、要素化、機能分化、均質化、透明化、非物質化、エフェメラリゼーション、環境制御化、商品化、民主化、資本主義化といった諸潮流を歴史的な必然とみなす歴史観だといってもよい。これらの潮流の個々の内容については本論のなかで紹介するつもりである。本論ではそのような歴史観によって近代建築史を逆照射し、それを近未来の建築に投影することを試みたい。

右に述べたような歴史的潮流がひとつのデザイン運動として時代の表面に浮かび上がったのは、二〇世紀初頭に勃興したモダニズム・デザイン運動である。一方で二一世紀における最大の建築的課題は、地球環境の保全をめざすサステイナブル・デザインだと考えられている。

本論で提示したいと考えているのは、サステイナブル・デザイン運動はモダニズム・デザイン運動の思想と方法の延長上に展開するだろうという歴史観である。とはいえ歴史は事後的に語られるものである。換言すれば、歴史とは何らかの仮説にもとづいて歴史的事実を拾い上げ解釈することである。もちろんその仮説からこぼれ落ちる歴史的事実が存在することも確かである。そのような歴史的事実に対する眼差しを維持しながら、しかし明確な歴史的仮説を提示すること、それが本書の方針である。

メタル建築史　もうひとつの近代建築史

目次

DTP　奥山良樹

序章　建築の四層構造——メタル建築を総合的にとらえるマトリクス

メタル建築の歴史をたどることは、単に建築材料としての金属の変遷をたどることではない。そうではなく、メタルが建築の性能の向上、機能や用途の拡大、空間表現の変容にどのようにかかわってきたか、つまりメタルが建築の可能性をどのように拡大してきたかをたどることである。あるいは逆に、建築に対する新しい性能や表現への要求が建築材料としてのメタルの可能性をどのように引き出してきたかをたどることである。そのためには建築を成立させている材料、性能、用途、表現といった諸条件の相互関係を総合的にとらえる必要がある。

建築をとらえる四つの視点

そこでまず建築を総合的にとらえるためのマトリクスを提案することからはじめたい。それは建築を次のような四つの視点でとらえることである。

1　建築は、物理的なモノである
2　建築は、エネルギーの制御装置である
3　建築は、生活のための機能を持っている
4　建築は、意味を持った表現すなわち記号である

なぜこの四つの視点なのか。その他にいくらでも見方があるのではないかと思わ

れるかもしれない。しかし私見では建築を総合的にとらえるにはこれで必要かつ十分である。

コンピュータモデルと頭脳モデル

四つの視点は大きく二つに分けることができる。前二者は建築のハード面をとらえ、後二者はソフト面をとらえる。ハードウェアとソフトウェアといってもよい。ハードウェアとソフトウェアという定義から直ちに連想するのはコンピュータであろう。事実この四つの視点はコンピュータをモデルにしている。試しに、この四つの視点をコンピュータに当てはめてみると、以下のようになるだろう。

1　コンピュータは、まず何よりも物理的なモノである
2　コンピュータは、電気エネルギーの制御によって駆動する
3　コンピュータは、さまざまな内部機能のネットワークによって働く
4　コンピュータは、最終的に、記号を表現手段として意味を伝える

建築をとらえるのに、なぜコンピュータをモデルにするのか。それはコンピュータが現代のもっとも進んだテクノロジーだからである。コンピュータをとらえることができないようなモデルは現代には通用しない。建築の現代的な様相を明ら

かにするには、コンピュータをモデルにするのがもっともふさわしい。さらにコンピュータは人間の頭脳をモデルとしてつくられている。したがって四つの視点は、そのまま人間の頭脳にも当てはめることができる。要するに、建築を見ることの四つの視点を成立させているのは、頭脳を備えた人間なのである。人間の頭脳も、この四つの視点でとらえることができる。

これを図式化すると以下のようになる。

1　頭脳は、特定の物理的構造を持った脳細胞のネットワークである
2　頭脳は、脳細胞のネットワークを流れる電気エネルギーによって作動する
3　頭脳は、それぞれ働きの異なる機能分布を備えている
4　頭脳は、意識現象によって意味を生み出す

かくして四つの視点にもとづいて建築と人間を同じモデルで見ることが可能になる。つまり四つの視点によって、建築と人間の相互作用をとらえることができるわけである。

四層構造と建築技術

建築を見る四つの視点には、それぞれに建築をつくるための固有の技術が対応している。

1 モノとしての建築をつくるのは「材料・構法技術」である

2 エネルギーの制御装置としての建築をつくるのは「設備・環境技術」である

3 建築の生活機能をつくり出すのは、用途や平面を組織化する「計画技術」である

4 建築の意味やイメージをつくり出すのは、形や空間を操作する「表現技術」である

これらの技術はそれぞれが独立した領域を形成している。これらの技術が総体として建築をつくるシステムを形成しているとすれば、それぞれの技術は自律的なサブシステムになっていると考えることができる。自律しているといっても、これらの技術は互いに無関係ではない。建築がひとつの存在として成り立っている以上、これらの技術は緊密に結びついている。たとえば特定の材料と構法を使って建築をつくれば、それによって熱的な性能が決まり、空間のサイズも限定され

るから生活の機能も規定され、テクスチャーが決まるから空間の表現も決まる。しかしながらその決まり方は一通りではない。同じ材料と構法を使っても、さまざまな性能、プラニング、表現が可能だからである。要するに、デザインとは四つの技術を特定の関係に結びつけることなのである。

四層構造の相互関係

建築が四つの層を成しているのだとすれば、これらの四つの視点は互いにどのような関係にあるのだろうか。本論のコンテクストでいうなら、メタルという材料が生み出した建築空間は、どのような室内環境やエネルギー条件をもたらし、どのようなビルディングタイプを生み出し、空間表現の可能性をどのように拡大したのだろうか。この問題に取り組むために、まず四つの視点の相互関係をとらえるモデルについて考えてみよう。

四つの視点の関係を前もって明らかにすることはできないが、でき上がった建築においては四つの視点は何らかの関係に置かれていることは確かである。四つの視点を特定の関係に結びつけることがデザインだとするならば、最初に考えられるのは「デザイン・モデル」である。しかしこれは建築には馴染み深いがあまり発見的なモデルとはいえない。なぜならこのモデルは四つの視点の内的構造を明らかにしていないからである。次に考えられるのは「層モデル」である。四つの視点が頭脳＝コンピュータをモデルにしているのだとすれば、四つの視点をハードウェアとソフトウェアに分けることができ、それらは「層」を成していると考えることができる。だとすれば生物学にもとづいて物質から生命が出現するという層から層への進化論的な「発生モデル」を考えることもできる。つまり分子からタンパク質が、タンパク質からDNAが、そしてDNAから生物が出現し、生物が進化して人類が発生し、頭脳の進化が意識現象、文化、さらには社会組織を生み出したというプロセスを、モノから意味へと向かう四つの視点に重ね合わせたモデルである。このモデルは四つの視点の層的な構造を明らかにするが相互関係は自然的であり、そこに人間の意志が関与する余地がない。あるいは経済学にもとづいて四つの視点を下部構造と上部構造に分け、両者を関係づける「下部―上部構造モデル」を考えることもできる。これは下部構造が上部構造を決定するというマルクス主義的なモデルと、逆に上部構造は下部構造から独立しているとするマックス・ウェーバー的なモデルとに分けることができる。四つの視点の自律性を認めるのは後者である。これはもっとも単純でわかりやすいモデルであろう。

　さらに、このモデルを社会学や文化人類学にもとづいて展開し、下部構造と上部構造を自然と文化の関係としてとらえるなら、両者を同型の構造によって結びつけるという構造主義的な「記号発生モデル」を考えることができるだろう。たとえば文化人類学者のクロード・レヴィ＝ストロースは、物体（モノ）を記号化することを芸術のはたらきとしてとらえながら、こう述べている。

記号の域まで物体を高めることは、もしそれが成功したなら、記号と物体の両方の基本的な特性を表させるはずです。（中略）その基本的な特性とは記号の中に顕示される構造であって、普通は物体の中に隠されているものですが、その造形的または詩的な表現のおかげで突如として姿を現し、その上、他のあらゆる種類の物体への通路ともなってくれるのです。（中略）二重の運動があって、一つは文化へと向かいたがる自然の憧れ、すなわち記号と言語へ向かう物体の憧れであり、もう一つは、その言語的表現の手段によって、あたりまえならば隠されている――人間精神の構造と機能の様式と共通しているあの特性そのもの――を発見あるいは知覚することを可能ならしめる運動なのです。[1]

モノとしての建築材料を、記号としての建築形態や空間へと関係づけるには、このモデルがもっともふさわしいように思える。このモデルによれば、建築のデザインとは四つの視点に「同型の構造」をつくり出すことなのである。

1　ジョルジュ・シャルボニエ著、多田智満子訳『レヴィ＝ストロースとの対話』みすず書房、一九七〇年

四層構造のマトリクス

以上の議論を整理すると、以下のような「建築の四層構造」のマトリクスが得られる。

4つの層 （建築学的な領域）	視点 （建築の様相）	プログラム （デザインの条件）	技術 （問題解決の手段）	時間 （歴史）	サステイナブル・ デザインのプログラム
第1層：物理性 **（材料・構法・構造学）**	物理的な モノとして見る	材料、部品、構造、 構法	生産、運搬、組立、 施工	メンテナンス、 熟成と風化	再利用、リサイクル、 長寿命化
第2層：エネルギー性 **（環境工学）**	エネルギーの 制御装置として見る	環境、気候、 エネルギー	機構制御装置、 機械電気設備	設備更新、 エントロピー	省エネルギー、LCA、 高性能化
第3層：機能性 **（計画学）**	社会的な 機能として見る	用途、目的、 ビルディングタイプ	平面計画、断面計画、 組織化	コンバージョン、 ライフサイクル	家族、コミュニティ、 生活様式の変化
第4層：記号性 **（歴史・意匠学）**	意味を持った 記号として見る	形態、空間、表象、 記号	様式、幾何学、 コード操作	保存と再生、 ゲニウス・ロキ	リノベーション、 保存と再生

「建築の四層構造」のマトリクス

縦軸は建築を見る四つの視点であり、これらは層を成している。横軸は建築デザインにおける四つの視点のさまざまな局面を示している。様相は建築を見る四つの視点に対応し、プログラムとはデザインの条件であり、技術はその条件を解決する手段であり、サステイナブル・デザインのテーマは現代建築が解決すべきプログラムを示している。この図式はサステイナブル・デザインを射程に入れながら、建築を総合的にとらえることを目的として考案されたものである。以下ではこの図式を念頭に置き、一九世紀以後のメタル建築が四層構造をどのように結びつけてきたかという視点からその展開をたどってみることにする。

第一章　技術の世紀末

『建築の世紀末』を建築技術史として読む

メタル建築の視点から近代建築史を振り返る前に、近代建築以前の建築がどのように近代建築へと展開していったかを概観しておこう。そのための参考資料としてもっとも総合的で的確な視点を与えてくれる文献を検討してみたい。ここで紹介するのは『建築の世紀末』[1]で、本書において論じられているのは一八世紀から一九世紀末にかけてのイギリスとフランスの建築史である。

二一世紀になった今日においても「世紀末」という言葉は二〇世紀末よりも一九世紀末を想起させる。それだけ一九世紀末は特異な時代だったと言ってよい。しかしながら一般的な建築史においては一九世紀はそれほど重要な時代とは見なされていない。建築様式の変遷によって記述される西洋建築史では一九世紀は近世に位置づけられているが、この時代は様式の展開が行き詰まり新しい様式が生み出されることがなく、過去の様式を模倣するリバイバリズムが短期間の間に次々と転換していった時代として記述されている。英国の建築史家ニコラス・ペヴスナーは一九世紀について「建築家が自信を失った時代」とまで言っている。一方でいわゆる近代建築史においては一九世紀は二〇世紀初頭のモダニズム建築運動への準備段階、あるいはモダニズム運動が克服しようとした様式建築の最後の時代として位置づけられている。いずれにしても一九世紀は明確な輪郭を持たない過渡的な時代として捉えられている。大学で使われている西洋建築史や近代

1　鈴木博之著『建築の世紀末』晶文社、一九七七年

建築史の教科書を見ても、一九世紀の建築は両書に股がって掲載されている。『建築の世紀末』が焦点を当てているのは、まさにそのような一九世紀の建築である。『建築の世紀末』が書かれたのは一九七〇年代初期である。モダニズム建築は第二次大戦後に世界中に広まったが、一九六〇年代後半から一九七〇年代にかけて硬直化したモダニズム建築に対する反省が叫ばれるようになった。それがポストモダニズム運動である。現在ではポストモダニズムは建築だけでなく広く社会・思想全体の潮流を意味するようになっているが、最初にポストモダニズムが唱えられたのは建築においてである。

建築のポストモダニズムには二つの潮流があった。ひとつはモダニズムの初期段階にまで立ち戻り、モダニズムが本来持っていた多面性と潜在的な可能性を見直そうとする潮流である。これはロシア革命後のロシア・アヴァンギャルドの再発見やヨーロッパとは異なる展開を見せたアメリカにおけるモダニズム建築の発掘などへと向かった。もうひとつはモダニズム建築が否定しようとした過去の歴史様式や装飾芸術の再評価に向かう潮流である。これはモダニズム以前の建築の可能性を現代の視点から再発見し、モダニズム運動自体を一九世紀の建築の延長上に位置づける方向に向かった。いうまでもなく『建築の世紀末』は後者の立場から書かれている。前者はモダニズムの可能性をポジティブに捉え、後者はネガティブに捉えているといってもよい。その点では両者の立場は対立している。事実一九七〇年代には両者の立場はまったく相容れないと見なされ、相互に激烈な議論が交わされた。しかしながら両者には決定的な共通点があることも忘れてはならない。それは両者ともモダニズム運動を歴史的に相対化して捉えようとしている点である。モダニズム運動は普遍性をめざし、歴史自体を否定しようとした。これに対してポストモダニズムは歴史を否定しようとするモダニズム運動それ自体が歴史的な事象であることを明らかにしたのである。ポストモダニズムとはすべての事象を歴史的に捉えようとする思想だといっても過言ではない。

職能としての建築家の誕生

『建築の世紀末』で描かれているのは、一八世紀から一九世紀にかけて建築家という職能が社会的に成立していった歴史である。具体的に言うならば、権力者や貴族といったパトロンとの個人的なつながりを断たれ、社会のなかで徐々に孤立していく建築家が、自らの根拠を模索しながら集団的に結びつき、ひとつの職能として自立していく歴史である。この時代にはつぎつぎと新しい思想や主義が生起するが、そこで意識化され主張されている思想や主義の内容こそが、それが失われていく危機感の表れにほかならない。この主張が『建築の世紀末』の隠されたモチーフである。その第一章では一八世紀に生まれた新古典主義建築が紹介されている。新古典主義はギリシア建築の考古学的な調査から誕生した様式だが、これについて著者の鈴木博之はこう書いている。「ギリシアの発見は、新しい理想の確立にはならず、理想の対立、はっきり言うならば理想の混迷をひき起こした。この理想の混迷は、一九世紀の末まで、一〇〇年以上にわたる建築の試行錯誤のはじまりでもあった」。つまり一九世紀を通じて建築家は建築における新しい理想を追い求めつづけたのだが、そのような事態こそが理想の混迷の表れなのである。本書ではさまざまな理想の追求と挫折をめぐって各章が展開されている。すなわちパトロンの衰退（個人的様式）、考古学的精確さの追求（リバイバリズム）、宗教的理念の希求（カトリックとゴシック）、中世への憧憬（職能と共同体）、構造的合理性（ゴシック建築の解釈）、手づくりと集団（アーツ・アンド・クラフツ運動）、美学的倫理性（アール・ヌーヴォー）、様式と装飾（世界観の喪失）、科学的客観性（機能主義）といった事態である。これらはすべて理想の追求と挫折の記録だといってよいのである。

一九世紀の建築に見られる「理想の混迷」をもたらした要因は一体何だったのだろうか。さまざまな要因が考えられるが、もっとも大きな要因は技術の発展に支えられた工業生産力と経済力の拡大であったことは明らかである。一七世紀の英国に端を発する産業革命は、一八、一九世紀を通じて技術の急激な発展をもたらし、英国の経済力を爆発的に増大させ、一九世紀までには世界に冠たる大英帝国を成立させた。工業生産力の拡大と経済力の増大は、工場を所有する資本家、工場を建設し運営する技術者、資本を持たない工場で働く労働者など、それまでにない新たな市民階級を生み出すことになった。さらに経済の発展は人口が集中する大都市を生み出し、それまでの農村の共同体とはまったく異なる都市社会を生み出した。大都市には工場だけでなく人々の移動のための建物、人々が集まって住む住宅群、彼らの生活を支える多様な機能をもつ建物が建設された。都市の拡大は多数の建物を設計するために建築家の数を増大させ、社会的な職能として成立させる一方で、社会の急激な変化は建築家が依って立つ理想を揺るがし、理想の混迷をもたらしたのである。マルクス主義的な観点からいうなら、『建築の世紀末』に描かれているのは、技術の発展と経済力の増大という「下部構造」の変化がもたらした、建築家の思想や感性という「上部構造」の変化だといってもよいだろう。

したがって『建築の世紀末』に描かれているのは、社会構造の急速な変化に対応して、建築家という社会的な職能が成立していった歴史である。その背景には、技術の発展と経済力の拡大、大都市の発生と新しい建築類型の出現があった。建築家はそのような社会の急速な変化に対応しなければならなかった。であるならば、技術の視点から『建築の世紀末』を読み解くことも可能ではないだろうか。たとえば一八世紀に出現した建築材料である鋳鉄は、木材、石、レンガでつくられていたそれまでの建物を一変させた。はじめて鋳鉄を建築に使ったのは、建築家ではなく技術者（エンジニア）だった。鋳鉄は工場や駅舎といった新しく出現した建築類型にだけ使用され、それらは建築家ではなくエンジニアによって設計された。ほとんどの建築家は、そのような新しい建物には見向きもしないか、建築すなわち芸術として認めようとしなかった。鋳鉄は建築家が設計する建物にはほとんど使われないか、使われる場合は自由な形に鋳造できる鋳鉄の性質を利用して、伝統的な仕上げのイミテーションとして使用されるにとどまった。

　とはいえ伝統的な材料とはまったく異なる鋳鉄と、それによって建てられた新しい建築類型に出会って、建築家の感性は大きく揺さぶられたはずである。典型的な例として、クリスタル・パレス（水晶宮）を挙げることができるだろう。クリスタル・パレス［図1］は一八五一年にロンドンで開催された世界初の万国博覧会の会場として設計され、近代建築史を画するエポック・メイキングな建物として記憶されている。この建物は一般の人々には広く受け入れられたが、それに対して多くの建築家は否定的に受け取った。この建築で実現した透明で軽快な空間は、それまでの建築観とはあまりにもかけ離れていたからである。この建物が建築家の不安を煽り立てたことは間違いない。その意味でクリスタル・パレスは建築家の「理想の混迷」とはっきり結びついている。エッフェル塔（一八八九）［図2］についても同様である。しかしながら『建築の世紀末』においては、これらの建物は第三章「理想の混迷」においてわずかに触れられているだけである。

図1　ジョセフ・パクストン「クリスタル・パレス」一八五一年

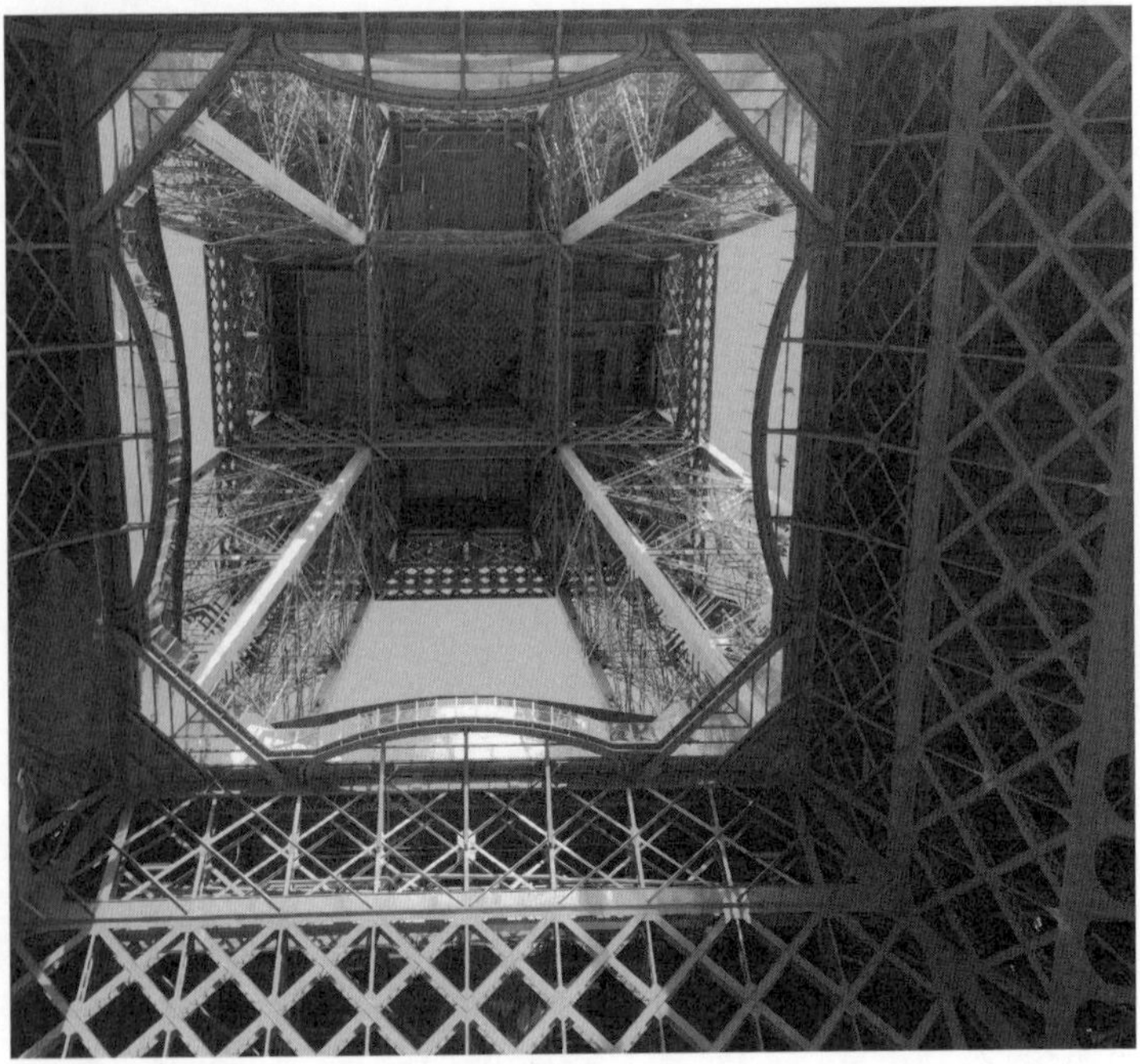

図 2　ギュスターヴ・エッフェル「エッフェル塔」 1889 年

これは明らかに意識的に選び取られた戦略だろう。ならば『建築の世紀末』を技術の視点から読み直してみることも一興ではないだろうか。

合理主義・機能主義・技術主義

『建築の世紀末』第一章のテーマは、ギリシア建築の考古学的な調査がもたらした新古典主義様式の運動である。新古典主義様式は建築の構成を論理的な一貫性に求めようとした。論理的一貫性を追求する思想を一般的には合理主義という。近代建築には似たような用語で機能主義がある。合理主義と機能主義は同じような意味で使われることがあるが、本来はまったく異なる思想である。機能主義は建築の用途や性能を追求するが、合理主義は論理的な一貫性を追求する。合理主義的であることは、その建築が機能的であるかどうかという問題とは関係がない。合理主義的な建築はむしろ機能的でない場合が多い。合理主義の典型であるミース・ファン・デル・ローエ（一八八六―一九六九）の建築は完全に機能を捨てている。一九世紀末のエコール・デ・ボザールの建築家たちは、自分たちが追求する建築を合理主義建築として捉えていた。ボザールを目の敵《かたき》にしていたル・コルビュジエ（一八八七―一九六五）は、それに対抗する意味で機能主義という言葉を使った。実際のところは、近代建築運動は機能主義よりも合理主義を追求したので、両者の意味が混同されるようになったのである。後にル・コルビュジエは

「建築はもともと機能的な存在である。機能的でない建築など自己矛盾である」と主張したので、両者の意味の混乱はますます拡大することになった。一八世紀末にはじまる考古学的な調査は、実際にはギリシア建築の構造的な機能性を明らかにしたのだが、新古典主義はそれを形態の論理的な一貫性として解釈した。つまり新古典主義建築においてもすでに機能主義と合理主義の混同があったのである。この混同はマルク・アントワーヌ・ロージェ（一七一三—一七六九）の「原始の小屋」において現実と理念の矛盾として投影され、スフロのパンテオン（サント・ジュヌヴィエーヴ教会堂、一七九二）〔図3〕において決定的な矛盾となって噴出した。『建築の世紀末』において、この矛盾は「考古学的実証を通じての建築の源泉への遡行」と「論理的かつ哲学的思弁を通じての建築の原型探究」との矛盾であると記されている。両者の混同は機能主義と合理主義の矛盾として近代建築にも引き継がれた。とはいえこれは思考を空間として現実化しようとする建築が孕む、宿命的な矛盾なのかもしれない。

近代建築の原理のひとつに「材料、構法、構造を正直に表現すべきである」というテーゼがある。大学の授業や設計製図課題において、私たちはこの原理を厳しく叩き込まれた。この原理を当然のこととして受けとめていた私は、大学院になってはじめてヨーロッパを訪れ、古い建築や近代建築を見て回ったとき、激しいカルチャーショックを受けたことを今でもありありと想い出す。ギリシア神殿

図3　ジャック＝ジェルメン・スフロ「パンテオン」一七九二年

の柱は大理石でつくられているが、大部分は一枚岩ではなく輪切りにした大理石を積み上げていた。一本の柱を細切れにする建設法がギリシア時代からまかり通っていることを知って驚いたのである。もっと驚いたのは、ルネサンスのパラッツォのほとんどがレンガの組積造であり、表面に張り付いたオーダーや石組が、漆喰塗りの模様だったことである。ルネサンス後期のアンドレア・パッラーディオ（一五〇八―八〇）の建築では、レンガの組積模様をそのまま見せたオーダーもあり、表現と構法が完全に分離していた。さらにル・コルビュジエのサヴォワ邸（一九三〇）を訪れたときも、展示された建設中の写真を見て、白色の平滑な外壁面がブロック積みの壁の上に漆喰を塗った仕上げであることを知って驚愕したことを憶えている。要するに近代建築の巨匠であるル・コルビュジエ作品を含めて、ほとんどの建築が近代建築の原理から外れて、構法と表現が乖離していたのである。そのような状況を知ることによってはじめてウィリアム・バターフィールド（一八一四―一九〇〇）の建築がいかに倫理的であったかが理解できたのである。彼の建築で多用されている赤と黒の横縞模様は中世イタリアの大理石の横縞模様を模したと言われているが、それは英国の伝統的な構法であるレンガの組積造を、赤と黒のレンガを使い分けることによって表現したものなのである［図4］。バターフィールドの建築では構法と表現が完全に一致している。彼の建築に込められた美学的倫理は、そのまま近代建築初期の名作、ヘンドリク・ペト

図4　ウィリアム・バターフィールド「オール・セインツ教会」一八五九年

ルス・ベルラーへ（一八五六―一九三四）のアムステルダム株式取引所へと引き継がれている。

バターフィールド以上に建築における倫理性を追求した建築家がオーガスタ・ウェルビー・ノースモア・ピュージン（一八一二―五二）である。一九世紀は急速な世俗化の進行にともなって宗教の影響力が失われていった時代である。そうした世俗化の時代において、ピュージンの建築思想に込められた美学と倫理は、時代錯誤的なまでに徹底している。というよりもむしろ世俗化の泥沼のなかでこそピュージンは徹底して反世俗的な建築思想を主張できたのだといってもよい。ピュージンの建築においては、カトリックという宗教（思想）とゴシックという建築様式（表現）が緊密に結びついている。『対比』[2]にまとめられたピュージンのゴシック建築の解釈と、そこから引き出された一連の構造的・構法的・形態的な建築規則は、そこから宗教的な含意を抜き去れば、そのまま近代建築の技術規則としても十分に通用する。しかし宗教的な意味を抜きにしてピュージンの建築は成立しない。『建築の世紀末』にはこう書かれている。「ピュージンにとって、理性によって建築を哲学的に抽出することはまったく無意味であった。ピュージンの建築像は、社会のなかで生み出され歴史的形成過程を経た思想と、分ち難く結びついていた」。社会の堕落と建築の堕落を平行現象として捉えるピュージンの建築観は、フランクフルト学派のテオドール・アドルノやヴァルター・ベンヤ

2　Augustus Welby Northmore Pugin, *Contrasts*, 1836.

ミンの美学思想に通じるものがある。歴史的なコンテクストを抜きにして建築を理解することはできない。これは『建築の世紀末』に込められた重要な主張のひとつだが、そこには隠された矛盾がある。歴史的コンテクストを理解する視点も進行する歴史のなかに置かれているからである。コンテクストの歴史性自体が歴史によって相対化されている。ならばピュージンの思想を宗教性を抜きにして普遍的な主張として受けとめることも私たちが置かれた時代の歴史的な解釈といえないだろうか。

ピュージンとは異なりウジェーヌ・エマヌエル・ヴィオレ＝ル＝デュク（一八一四―七九）はずっと近代的である。合理主義思想の権化であるルネ・デカルトに倣って、彼はゴシック建築を徹底して合理的に解釈したからである。『建築の世紀末』にはこう書かれている。「ヴィオレ・ル・デュクの出現は、新古典主義の陥っていたディレンマを、ようやく統合することを可能にしたと見えた。彼は〈考古学的実証を通じての建築の源泉への遡行〉と、〈論理的かつ哲学的思弁を通じての建築の原理探究〉という新古典主義建築の分裂を、ゴシック建築の構造原理の解明によって克服したのだ、と見ることができよう」。ルネサンスや新古典主義の建築に比べれば、ゴシック建築が構造を忠実に表現しているように見えることは明らかである。ひたすら高さを追い求めたゴシック建築はさまざまな構造的な試みを生み出した。細やかな線の集合として構成されたゴシック建築は線材で構成する当時の鋳鉄構造とも馴染みやすかった。ヴィオレ＝ル＝デュクはゴシック建築研究の応用として鋳鉄構造を用いた多数のプロジェクトを設計している［図5］。彼の試みの延長上にアンリ・ラブルーストのサント・ジュヌヴィエーヴ図書館（一八五〇）［第二章図4］や旧フランス国立図書館（一八六八）［第二章図5・6］があることはいうまでもないだろう。彼の生きた時代がクリスタル・パレスと同時代であったことを想起してもよい。その後の実証的な研究によって、ゴシック建築の構造が実際に合理的であるかどうかについては、かなり疑わしいことが明らかになった。しかしそのことによってヴィオレ＝ル＝デュクの建築思想の歴史的な意義が失われることはないだろう。なぜなら彼がゴシック建築において追求したのは現実と論理をいかに結びつけるかという普遍的な問題であり、それは現代建築においても依然として追求されているテーマだからである。

アーツ・アンド・クラフツ運動とアール・ヌーヴォー

英国の建築史家ニコラス・ペヴスナーは近代建築史の名著『モダン・デザインの展開』[3]において、ウィリアム・モリスが中心となって活動を展開したアーツ・アンド・クラフツ運動を、モダニズム運動の出発点に位置づけている。中世社会における職人ギルドをモデルとしながら、装飾的なデザインを展開したアーツ・アンド・クラフツ運動がなぜモダニズムの源泉と見なされるのだろうか。これを理

3　ニコラス・ペヴスナー著、白石博三訳『モダン・デザインの展開――モリスからグロピウスまで』みすず書房、一九五七年

解するにはモダニズム運動が孕んでいた多面的な方向性を理解しなければならない。モダニズムは装飾を排し抽象的で機能的なデザインを追求した。そしてそれを実現するために建築を標準化し工業生産化しようとした。この点においてはアーツ・アンド・クラフツ運動はモダニズム運動とは対極的な位置にある。

しかしながらモダニズム運動にはもうひとつ重要な側面があった。資本家や一部の特権階級のためにデザインを提供するのではなく、良質なデザインをより多

図5 ヴィオレ=ル=デュク「集会場案」1868年、鉄のヴォールトと組積造からなる構造

くの新興市民階級や労働者階級に浸透させることをめざした点である。モダニズムが装飾を排したのは安価で機能的なデザインを追求するためであり、工業生産化をめざしたのは、安価で高品質なデザインを大量に供給するためだった。しかしモリスにとってつくり手の喜びを喚起する装飾はデザインに不可欠な要素であると考えられていたし、彼が活動を展開した一九世紀中期においては、工業技術は未成熟で機械生産される製品の品質はきわめて低かった。当時の低品質な工業製品を受け入れることができなかったモリスは、手づくりによる職人的な工房システムによってデザインを普及させようとした。さらにモリスは職人的なデザイナーとしてピュージンやジョン・ラスキン（一八一九―一九〇〇）から受け継いだ重要な価値観を抱いていた。デザインには職人としての全人格的な「つくる喜び」が込められねばならないという倫理観である。モリスにとって装飾という要素はその倫理観の表れにほかならなかった。一方で、モリスは当時の英国で勃興した社会主義運動にも積極的に参加していた。モリスとカール・マルクスはともにロンドンの街に住み、同時代を生きていたことは意外に知られていない。マルクスは一八四九年にロンドンに亡命し、一八六七年に『資本論』[4]の第一部を出版している。市民階級へのデザインの普及活動と労働者階級のために社会の平等化を追求する社会主義運動が、モリスのなかで一体に結びついていたことは容易に理解できる。しかしながら工房システムによって提供されるデザインは少量生産

4　Karl Heinrich Marx, *Das Kapital: Kritik der politischen Oekonomie*, 1867.（カール・マルクス著、フリードリヒ・エンゲルス編、向坂逸郎訳『資本論』一―九巻、岩波書店、一九六九年ほか）

で高価な製品にならざるをえなかったため、一般の人々は手に入れることはできなかった。最終的には手段が目標を裏切ることになったのである。中世的な職人組織に憧れ装飾にこだわった点において、モリスとアーツ・アンド・クラフツ運動は依然としてプレモダンな活動だったといわざるをえない。しかしモダニズムと共通な社会的・倫理的目標をめざした点においては、間違いなくモダニズムの出発点に位置しているといってよい。彼のデザイン観は後のバウハウスの活動に確実に受け継がれていくのである。

ペヴスナーはアーツ・アンド・クラフツ運動と並んで、一九世紀末に興隆したアール・ヌーヴォーをモダニズムの出発点に位置づけている。『モダン・デザインの展開』に彼はこう書いている。

近代運動はひとつの根から生じたのではない。その本質的根元の一つは、ウィリアム・モリスとアーツ・アンド・クラフツであり、他のひとつはアール・ヌーヴォーである。そして一九世紀の工学技術者の業績は、他の二つの源泉と同様に、有力な現代様式の第三の源泉なのである。[5]

彼はアール・ヌーヴォーをアーツ・アンド・クラフツから英国的な倫理を抜き取った「芸術のための芸術」としてとらえた。だからこそアール・ヌーヴォーはアー

5　前掲注3

ツ・アンド・クラフツよりも時代を先まで進み、自由な表現を導いた点においてモダン・デザインの源泉となったのだと主張している。この点については『建築の世紀末』とは微妙な温度差があるが、その理由はペヴスナーがアール・ヌーヴォーの表現面に焦点を当てたのに対し『建築の世紀末』はその思想的な意味と社会的な背景に焦点を当てているからである。

私見ではアール・ヌーヴォーは二つの点においてモダニズムの源泉になったと考えられる。ひとつはアール・ヌーヴォーはその装飾において鉄の可塑性と展性を最大限に活用した点である。鋳鉄は鋳造によってどんな形態でも安価につくることができる。したがってそれまで石や漆喰によってつくられていたオーダーや装飾はすべて鋳鉄にとって代わられた。ジョン・ナッシュ(一七五二―一八三五)が設計したリージェント・ストリートやカールトン・ハウス・テラスの古典主義様式のジャイアント・オーダーが鋳鉄によってつくられていることはあまり知られていない。鋳鉄から鍛鉄や錬鉄へ、さらに鋼鉄へと進化した鉄は、さまざまな使われ方を通して伝統的な建築家の感性を変えていったのである。

もうひとつはアール・ヌーヴォーにおいて多用された植物模様の装飾が、それまで建物の表面を覆っていた伝統的なオーダーやゴシックなど様式的装飾を完全に払拭したことである。リバイバリズムの変転を通じて建物の表面を覆う装飾は次々と姿を変えたが、アール・ヌーヴォーは装飾の表面性を極限まで追求することによって伝統的な様式にとどめを刺したのだといってよい。このような歴史的事情を『建築の世紀末』は思想の変化として捉え、次のように述べている。

曲線をめざす精神は、動感、生命力を意図して出発したものだったが、そこに現出した平面性は、ルネサンスから古典主義の時代を通じて主導的な位置にあった、対象を立体として捉えようとする透視図的思考の崩壊を意味するものであった。アール・ヌーヴォーの近代芸術の出発点としての意義は、ここに認められるのがふつうである。

アーツ・アンド・クラフツ運動の社会思想的な側面とアール・ヌーヴォーの美学的・感性的な側面との背景にあったのは、産業革命以降の工業化による産業構造の転換がもたらしたプチブルジョワジー（中産階級）とプロレタリアート（労働者）という大衆的な階級分化であり、それに伴って生じた人口の急速な都市への集中である。アーツ・アンド・クラフツ運動は階級分化がもっとも早く進行した英国に特有のデザイン運動だった。これに対してアール・ヌーヴォーは急速な都市化がヨーロッパ全体の現象だったことに対応している。近代の世界史を包括的にとらえた英国の歴史家エリック・ホブスボームは「アール・ヌーヴォーは、厳密には様式として定義されるだけでなく、ひとつのライフ・スタイルのための運動であった」と定義づけたうえで、アール・ヌーヴォーがブルジョワジーのライフ・スタイルとして確立した理由を四つ挙げている。第一に政治の民主化により中産階級の政治的な影響力が弱まり、格式ばらない私的な生活の比重が大きくなったこと。第二にブルジョワジーとピューリタン的価値観の結びつきが弱まり、快適さや娯楽への嗜好が前面に出てきたこと。第三に都市化にともなって家父長的な家族構造が緩み、若者と女性の地位が上昇したこと。第四に中産階級の感性として、それまでの古典的な美意識に代わる有機的で植物的な美意識が浮かび上がってきたことである。このようにアール・ヌーヴォーがそれまでの古典的な感性を大きく変えたことは間違いないが、それが短期間で収束した理由についてホブスボームはこういっている。

長期的に見て、アール・ヌーヴォー様式は、実質的にも象徴的にも、都市の成長と組織化の解決策としてはあまり適していなかった。最高の建築家たちのキャリアにおいて、アール・ヌーヴォーやアーツ・アンド・クラフツ運動はモダニズムへの道の一つの段階である。新しい世紀の建築の主流は、装飾を省かれ、四角く、機能主義的なものになるのであった。その新しい建築の主流は、近代を熱烈に歓迎すること、そして古典的あるいは歴史的な形態を否定することにおいて、アール・ヌーヴォーと同じであった。[7]

7　エリック・ホブスボーム著、木畑洋一＋後藤春美＋菅靖子＋原田真見訳『破断の時代——二〇世紀の文化と社会』慶應大学出版会、二〇一六年

近代建築運動

『建築の世紀末』に描かれている一九世紀は、建築家にとって激動する社会のなかで自らの根拠をひたすら追求しつづけ、思想的にはどん詰まりにまで進まざるをえない時代だった。しかし同時に一九世紀は技術と経済が歴史上かつてないほど急速な進歩を遂げた時代でもあった。二つの世界大戦ではじまり、社会主義革命や冷戦に明け暮れた二〇世紀に比べれば、一九世紀は歴史上もっとも平和な時代だったといっても過言ではない。近代建築史は一九世紀を二〇世紀初頭に勃興するモダニズム・デザイン運動の準備期間として位置づけているが、少なくとも技術面ではモダニズム建築に適用される技術的ヴォキャブラリーのほとんどが一九世紀中に開発されている。要するに建築家たちは一九世紀の急速な技術的・経済的な発展を後追いすることで精一杯だったのである。

この点についてマルクスは『ルイ・ボナパルトのブリュメール一八日』できわめて的確なコメントを残している。

> 人間は自分自身の歴史をつくるが、しかし自発的に、自分で選んだ状況の下で歴史をつくるのではなく、すぐ目の前にある、与えられた、過去から受け渡された状況の中でそうする。すべての死せる世代の伝統が、悪夢のように生きているものの思考にのしかかっている。そして、生きている者たちは、

自分自身と事態を根本的に変革し、いままでになかったものを創造する仕事に携わっているように見えるちょうどそのとき、まさにそのような革命的危機の時期に、不安そうに過去の亡霊を呼び出して自分たちの役に立てようとし、その名前、鬨の声、衣装を借用して、これらの由緒ある衣装に身を包み、借り物の言葉で、新しい世界史の場面を演じようとするのである。[8]

建築家たちは目の前に展開する技術の進展を理解するために「過去の亡霊」を持ち出す。しかし技術はそうした解釈をはね除け、ひたすら前へと進みつづける。二〇世紀初頭の第一次世界大戦のショックによって建築家たちの精神はようやく覚醒し、一九世紀という時代の意味を理解するようになる。一九世紀に下部構造(技術と経済)の革命はすでに完了していた。モダニズム・デザイン運動は、その思想的、文化的な仕上げを行ったに過ぎないのではないだろうか。

二一世紀初頭にいる私たちは、ここから何を学ぶことができるだろうか。二〇世紀にはさまざまな事件があった。二〇世紀初頭には二つの世界大戦が勃発し、その間に世界各地で社会主義革命が起こった。社会主義諸国は一国の政治、社会、経済をすべて計画・設計しようとしたが、一九九〇年代の社会主義諸国の崩壊はそれが不可能であることを証明したといってよい。その時点で設計・計画の概念が大きく変容したのである。

8 カール・マルクス著、植村邦彦訳『ルイ・ボナパルトのブリュメール一八日』太田出版、一九九六年一九九〇年以降は資本主義体制が世界中を覆い、新自由主義経済によるグローバリゼーションが急速に進行した。この動きに対抗するように世界のいたるところで宗教的原理主義が勃興し、地域紛争が絶えなくなった。同時に二〇世紀を通じて技術はとどまることなく進展し、二〇世紀後半にはその影響は地球環境を左右するまでに拡大した。一方で技術の進展はハードからソフトへと移行し、二〇世紀末にはＩＴ（情報技術）はグローバリゼーションをさらに加速させた。二一世紀に入って最初に起きた大きな事件は九・一一テロと金融資本主義の崩壊である。このような歴史的潮流をみてくると、どことなく一九世紀末と二〇世紀末を重ね合わせてみたくなる。一九世紀のメカニカルな技術の進展を二〇世紀のＩＴ技術の進展に重ね合わせれば、二〇世紀初頭のモダニズム・デザイン運動を二一世紀初頭のサステイナブル・デザイン運動に重ね合わせることができる。ならばクリスタル・パレスにおいて二〇世紀の工業化建築を先導したジョセフ・パクストンと、ジオデシック・ドームの開発と環境制御技術を先導したバックミンスター・フラーを重ね合わせてみるのも一興だろう。

いずれにせよ二一世紀初頭に生きる建築家が取り組まねばならないテーマは、地球環境問題と大都市問題である。そして一九世紀の技術的発展とモダニズムの関係から仮説的に導かれるのは、二〇世紀の情報技術の発展に支えられたサステイナブル・デザイン運動ではないだろうか。この問題については、機会をあらためてじっくりと考えてみたい。

第二章　一九世紀——芸術から技術へ

先に引用した『ルイ・ボナパルトのブリュメール一八日』における「歴史」を「建築」に読み換えれば、マルクスの主張はそのまま建築デザインの歴史に関しても当てはまる。以下で検討するのは、鉄骨造の歴史に関するマルクスの主張の具体的な検証といっても過言ではない。つまり鉄骨造という新しいテクノロジーに出会って、建築家がどのように対応し、それを建築に引き寄せ、自分たちの感性を適応させていったか。あるいはエンジニアが建築の可能性をどのように切り開き、新しい鉄骨技術へと展開させていったかという歴史的な経緯である。

鉄は古代から建築に用いられていたが、建築材料として大量に用いられるようになったのは、産業革命を通じて新しい精錬技術が発明され改良されてからである。鉄骨造はそれまでの石やレンガの組積造とはまったく異なる構造システムを可能にした。はじめて鋳鉄が本格的に使用されたコールブルックデール橋(一七七九)［図1］では木造をモデルにした構造システムが見られるが、一九世紀に入ると鉄の強度を活かした繊細な構造が実現されるようになる。そして一九世紀初期になると建築にも本格的に使われるようになる。当初は工場や倉庫など公共的ではない建物や、劇場の屋根など人目につかない部位に用いられていたが、徐々に公共的な建築にも浸透していった。

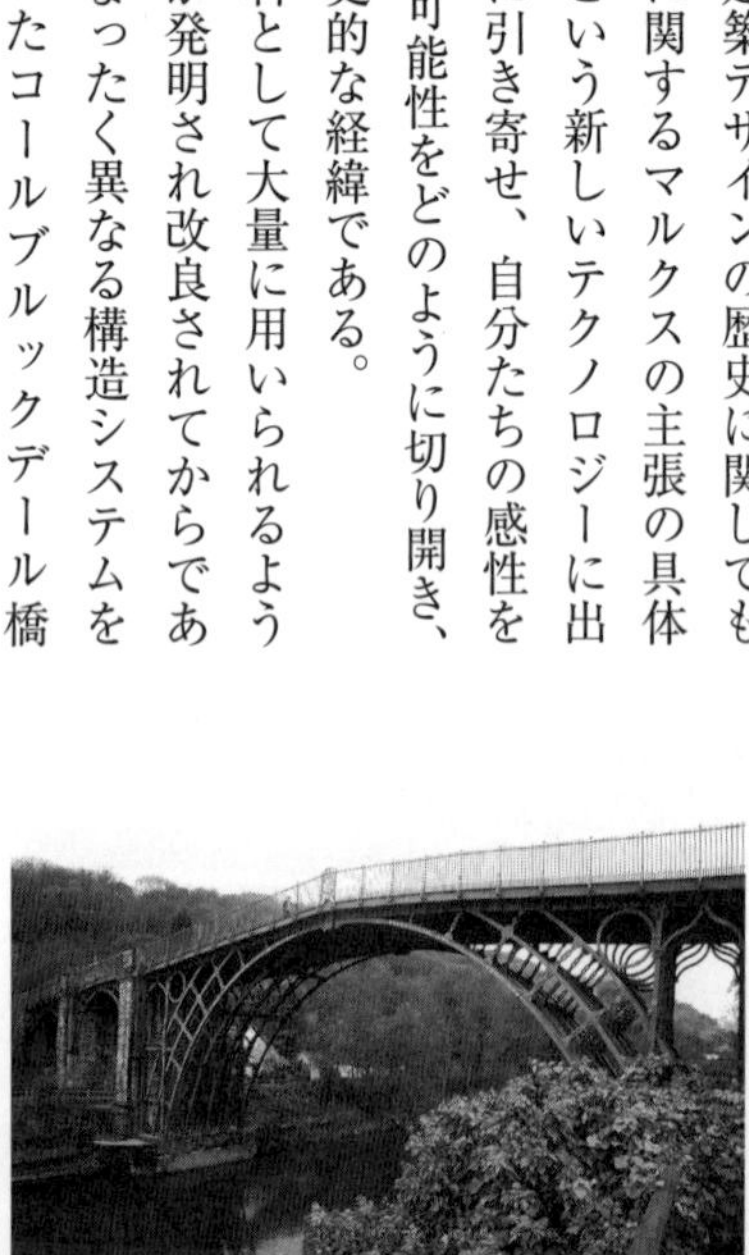
図1　トーマス・プリチャード「コールブルックデール橋」一七七九年

鋳鉄柱の可能性

最初に取り上げる建築はジョン・ナッシュ（一七五二―一八三五）が設計したブライトンのロイヤル・パヴィリオン（一八二三）［図2］である。この建築では室内外に全面的に鋳鉄が使用されている。公共の建築において鉄がむき出しで使われたのは、おそらくこの建築がはじめてであろう。とりわけ国王の離宮に鉄が使われたことは、鉄が建築材料として正式に認められたことを意味している。しかしこの建築における鉄の使い方はあくまで既存の様式や建築家のイメージ（この建築の場合は英国の植民地であるインドを連想させるイスラム様式）を実現するための手段でしかない。鋳型に鉄を流し込んでつくる鋳鉄はどのようなかたちでも製作できるから、その物性が利用されたのであり、鉄の使用によって新しい表現が導き出されたわけではない。とはいえそのなかでひとつだけ注目されるのは、室内の各所に用いられている鋳鉄柱である［図3］。これほど細い柱は鉄以外の材料では実現が難しく、ここでは鉄の強度を生かした表現が達成されているといってよい。この建築に「建築の四層構造」（以下「四層構造」）をあてはめてみるならば、建物全体としては既存の第四層（イスラム様式）を実現するために第一層（鋳鉄の製作法）が利用されているにすぎないが、鋳鉄柱においては第一層（鉄の物性）から第四層（今までにない細い柱）が導き出されているといえる。つまりこの建築ははからずも第一層と第四層がそれぞれ独立したシステムであること

図2　ジョン・ナッシュ「ロイヤル・パヴィリオン」一八二三年

図3　「ロイヤル・パヴィリオン」室内に用いられた鋳鉄の柱

を証明しているわけである。

このように四層構造は互いにバランスよく共存しているのではなく、層の間にはつねにズレと矛盾が潜んでいる。そしてそのズレを埋め、矛盾を解消しようとする動きが建築を変えていくのである。本論は金属がテーマであるから、とくに建築の第一層に注目しているが、一般的にどの層が支配的であるかは前もって決まっていない。ただし一九世紀の近代建築史を通観すると、鉄にかぎらずガラスやコンクリートなどの新しい材料（第一層）が他の三層を揺るがし、他の三層が第一層を取り込みながら変容していく歴史が浮かび上がってくる。逆にいえば、自立したサブシステムとしての他層が第一層に対して自らのアイデンティティを主張しつづけた歴史としても見ることができるのである。たとえばロイヤル・パヴィリオンにおいては、建物全体としては建築家が実現しようとしたイメージに鋳鉄の技術が適用されているにすぎないが、鋳鉄柱においては鉄という材料が新しいイメージを先導している。これは鋳鉄技術者がもたらす新しいイメージを受け入れれば、新しい建築表現が生み出される可能性があることを示唆している。ジョン・ナッシュがこの点に気づかなかったはずはない。しかしながら伝統的な美学を保持している建築家はやすやすと新しいイメージを受け入れはしない。建築が芸術として認められるには、守るべき美学的ルールがあり、それは第四層として自立した世界をかたちづくっているからである。そしてそのような美学的なルールは、明文化されている場合もあるが、大部分は無意識的で暗黙のルールであり、だからこそ建築家のデザインを支配しつづけるのである。

社会階級と技術

先に「四層構造」にはそれぞれの層に固有の技術が対応していることを指摘したが、一九世紀においても、それぞれの技術には専門の技術者なり社会階級が対応していた。第一層と第二層には科学者や技術者が、第三層には実業家や資本家が、そして第四層には建築家や芸術家という具合である。そして層の間のズレや矛盾は、そのまま社会階級相互の主張の相違として表面化した。それはフランスにおいて造形芸術の総合的な教育機関としてのエコール・デ・ボザールと、科学と技術の結合をめざす教育機関としてのエコール・ポリテクニーク[1]が、建築や土木に対して、それぞれ別々のアプローチをとったことにも現れている。両者とも産業革命以後の社会の急速な近代化に対応するために、一八世紀末から一九世紀初頭にかけて、ほぼ同時期に設立された教育機関である。後に述べるように近代建築の歴史は両者に象徴される芸術と技術の対立と融合の歴史としてとらえることができる。

鉄骨建築について文化史的な視点から鋭い考察を加えたヴァルター・ベンヤミンは、モダニズムを先導した建築史家ジークフリード・ギーディオンを参照しながら、こう述べている。

> 美術学校（エコール・デ・ボザール）によって建築は造形芸術の側に入れられてしまった。「これは建築にとっての災厄であった。バロックにおいては芸術と建築の一体性は完全であり、また自明の事実であった。ところが一九世紀が進むうちにこの一体性は分裂し、偽りのものになってしまった」（ジークフリート・ギーディオン『フランスにおける建築』一九二八）（中略）こ

1　一七九四年に設立されたフランスの理工系の公立高等教育機関。

れは、歴史的に見てもっとも早く芸術という概念から抜け出たのが建築であることを示している。あるいは、こういった方がいいかも知れない。建築は「芸術」として鑑賞されることをもっとも嫌うものとなった、と。もっとも、一九世紀は、これまで創造もできなかった規模で、しかも結局のところ今まで以上にはっきりした根拠があったわけでもないのに、精神的想像力の所産に芸術という名を押しつけたのだが。[2]

さらにベンヤミンはマルクスを参照しながら「結局のところ形式の分野における偉大な達成は、すべて技術的な発展として生じたのではなかろうか」（同上）ともいっている。要するに形式（第四層）の変化がすべて技術（第一、二層）の変化から生じたのではないかと主張しているのだが、後の歴史を見ればことはそう簡単には進まなかったことがわかるのである。

技術と芸術

アンリ・ラブルースト（一八〇一―七五）のサント・ジュヌヴィエーヴ図書館（一八五〇）［図4］と旧フランス国立図書館（一八六八）［図5］は、一九世紀半ばにおいて技術を重視する先進的な建築家が伝統的な美学に対してとった対応のひとつの典型例を示している。ラブルーストはエコール・デ・ボザールで学び、優秀

2　ヴァルター・ベンヤミン著、今村仁司・大貫敦子・高橋純一他訳『パッサージュ論I――パリの原風景』岩波書店、一九九三年

図4　アンリ・ラブルースト「サント・ジュヌヴィエーヴ図書館」一八五〇年、外観（写真右にパンテオン）

図4 「サント・ジュヌヴィエーヴ図書館」開架閲覧室

な学生に与えられるローマ大賞を獲得してローマのフランス・アカデミーで五年間学ぶという当時としてはもっとも主流を歩んだ建築家である。エコール・デ・ボザールは建築の美学（第四層）を支配するアカデミズムの牙城だった。しかしながらラブルーストはローマ建築を学ぶことを通じてエコール・デ・ボザール流の様式優先の設計に対して批判的な考えを持つようになり、構造（第一層）や機能（第三層）にもとづく設計を重視するようになった。彼は鋳鉄構造に興味を抱き二つの図書館においてその可能性を追求している。サント・ジュヌヴィエーヴ図書館は主構造が鉄骨構造で、室内には鋳鉄造のヴォールト天井が露出しているが、外殻はルネサンス様式の石造の外壁によって包み込まれている。この図書館の前にはジャック・ジェルマン・スフロ（一七一三—八〇）による新古典主義様式のパンテオン（一七九二）［第一章図3］があり、古典的な外装は明らかにこの建築に呼応して設計されたものである。旧フランス国立図書館においても閲覧室内部［図5］は一六本の細い鋳鉄柱によって支えられた九個の軽快な鋳鉄造ドームが架け渡され、ドームの頂点にトップライト

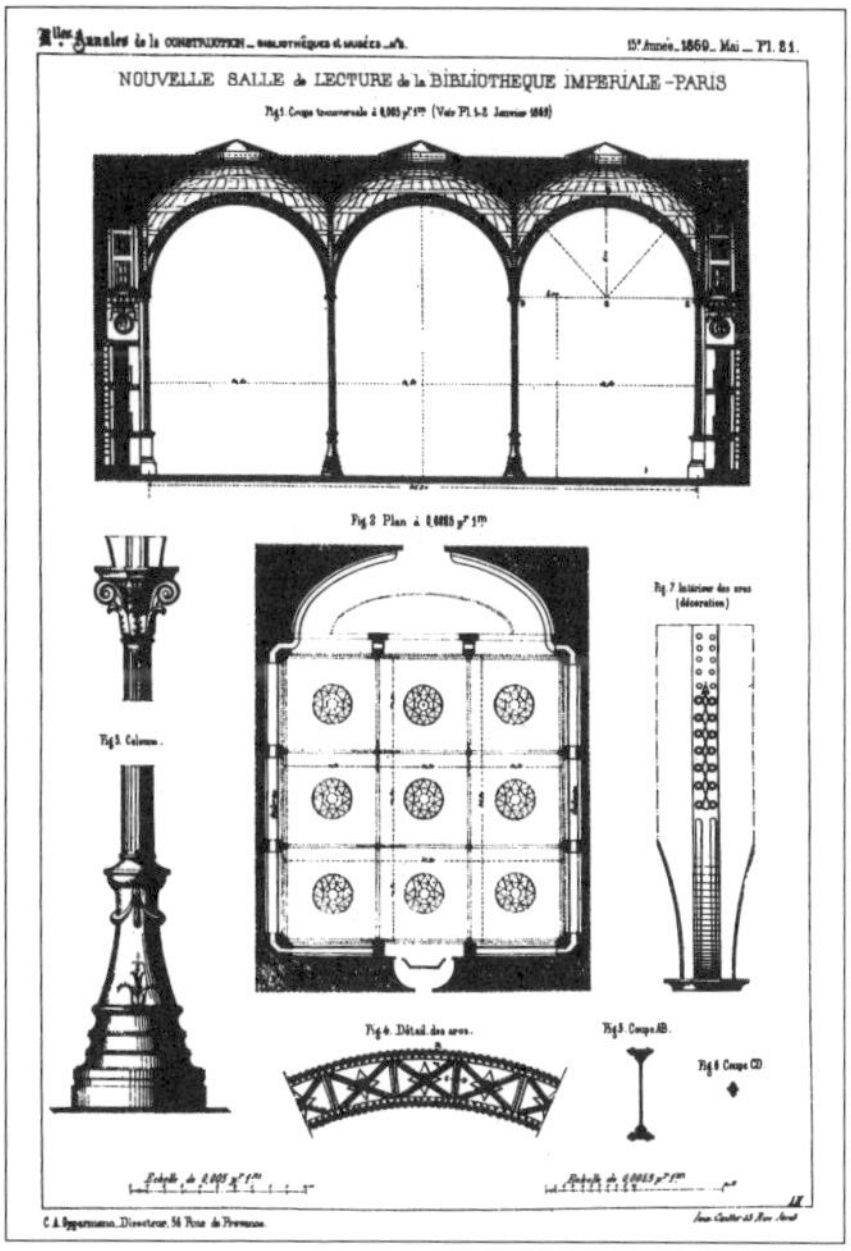

図5　アンリ・ラブルースト「旧フランス国立図書館」1868年
上：閲覧室
下：閲覧室の鋳鉄柱とドームのディテール

図6　「旧フランス国立図書館」閉架書庫

がつけられているが、外殻は古典的な石造壁によって包み込まれている。この建築でとくに注目されるのは書庫の空間だろう［図6］。閲覧室は公共の空間なので鉄骨構造とはいえ細部のデザインにおいては古典的な様式が踏襲されている。しかし書庫にはそうした美学的な制約がないために鉄骨とガラスを多用しながら機能的・即物的なデザインが追求され、軽快で透明な光に溢れた空間が実現されている。このようにラブルーストの建築にはエコール・デ・ボザール仕込みの伝統的な古典様式（第四層）と、鉄骨構造とガラスという新しい技術の試み（第一層）が共存している。ここにも四層構造のズレを見ることができるだろう。

新しい機能

一九世紀には産業革命後の生産力の増大と急速な都市化にともなって伝統的な建築とは異なる新しい機能（第三層）をもった建築類型（ビルディングタイプ）が続々と生み出されるようになる。鉄道駅、市場、倉庫、百貨店、展示場、温室、パッサージュ（ガラス屋根のアーケード）、オフィスといった建築がそうである。こうした建築は当初は公共的な建築（芸術）とはみなされなかったので、建築家が真剣に取り組むことはなく、もっぱら技術者によって設計され、ほとんどが鉄骨構造によって建設された。これらはいずれも実業家や資本家といった新興ブルジョア階級が必要としたビルディングタイプであり、彼らは伝統的な美学（第四層）よりも経済性と効率性を優先させたために、新しい技術である鉄骨構造（第一層）が採用されたのである。このような時代の変化に伴う鉄骨建築の社会的意味の変遷について、ヴァルター・ベンヤミンはこう述べている。

最初の鉄骨建築は通過的／一時的目的のためであった。つまり、市場、駅、博覧会場に使われた。つまり、鉄は経済生活における機能的要素とすぐさま結びついたのである。だが、当時において機能的かつ一時的であったものが、今日では時代のテンポが早まったために、本格的で恒常的なものという印象を与えはじめている。[3]

3 前掲書

とはいえ技術（第一層）から自動的に形態（第四層）は生み出されない以上、技術者も何らかのイメージをもって設計せざるをえないし、そのイメージは既存のビルディングタイプ（第三層）とその様式（第四層）から引用されることが多かった。たとえば鉄道駅のように都市の顔となるような記念的な建築においては、建築家と技術者が共同で設計に取り組み、駅に付属する待合室やホテルといった鉄骨構造ではない部分を建築家が担当し、プラットホーム上に架け渡される鉄骨構造の屋根を技術者が担当するといった棲み分けが行われた。ホテルは宮殿やパラッツォをモデルにして、一方でプラットホームの巨大な空間は教会堂をモデルにして設計されたという点も注目される。技術者のイサンバード・K・ブルネル（一八〇六―五九）と建築家のマシュー・ディグビー・ワイアット（一八二〇―一七七）が共同で設計したロンドンのパディントン駅（一八五二―五四）［図7］はその典型である。この駅舎が完成したのは、後に紹介するクリスタル・パレスの直後である。ちなみに技術者のブルネルは一八五一年のロンドン万国博覧会の王立建築委員会のメンバーの一人であり、建設を担当したのはクリスタル・パレスと同じフォックス・アンド・ヘンダーソン社で、駅舎のガラス屋根にはクリスタル・パレスの設計者ジョセフ・パクストンが考案したパクストン式波形グレージング・システムが採用されている。

植民地建築と工業部品化

一九世紀はヨーロッパの列強諸国がアフリカ、中南米、中近東、アジア、オセアニアに競って植民地を獲得した帝国主義の時代である。植民に並行して多くの人々が植民地に移住したが、彼らの多くは現地の生活には同化せず、母国の生活様式を植民地に持ち込もうとした。そして母国と同じような住宅を建てるために、母国から住宅部品を取り寄せて現地で組み立てるという工業部品化が進められたのである。南アフリカ、オーストラリア、ニュージーランドを植民地としていた当時の大英帝国は、植民地化の初期には鉄骨造の部品化住宅を母国で生産し現地で組み立てている。その多くは四人や労働者のための小さな住宅である。母国から現地までは船便で運んだと思われるが、遠距離である上に効率化が要求されたために、徹底した軽量化、コンパクトな部品化、システム化が要求されたと思われる。すでに一九世紀にそのためのハウスメーカーが存在していたことは興味深い。母国の生活を植民地に持ち込むといっても、異なる気候風土の元では生活にしたがって住宅も変化せざるをえないだろう。軽量化や部品化によっても住宅の

図7 イサンバード・K・ブルネル+マシュー・ディグビー・ワイアット「パディントン駅」一八五二―五四年

あり方も影響されただろう。そのような相互作用がどのようなものだったか興味深い。現在ではその詳細な研究がかつての植民地において進められている。

クリスタル・パレス

一九世紀半ばに建設された一連の鉄骨建築のなかでもっともエポック・メイキングな建築は、ロンドンで開催された世界最初の万国博覧会の会場として建設されたクリスタル・パレス（水晶宮、一八五一）「第一章図1」だろう。設計を担当したのはジョセフ・パクストン（一八〇三―六五）で、彼は建築家でも技術者でもなく造園家であり、温室を中心とするガラス構造物の専門家だった。温室は鉄とガラスのシェルターだけではなく、熱帯植物のための空調設備が必要とされた点にも注目すべきである。一九世紀初頭までに大英帝国の植民地は世界中に広がり、熱帯地域の植民地から送られてくる植物を育てるために多くの温室が建設された。デシマス・バートンとリチャード・ターナーが設計したキューガーデンのパームハウス（一八四七）「図8」は代表的な温室のひとつであり、パクストンはそうした温室を手がけていた。彼が有名になったのはチャッツワースの大温室を建設しそこで熱帯植物の育成に成功したからである。

はじめての国際博覧会であり国家的な行事であったから、最初からパクストンの案が採用されたわけではない。当初はブルネルがメンバーに加わった王立建築

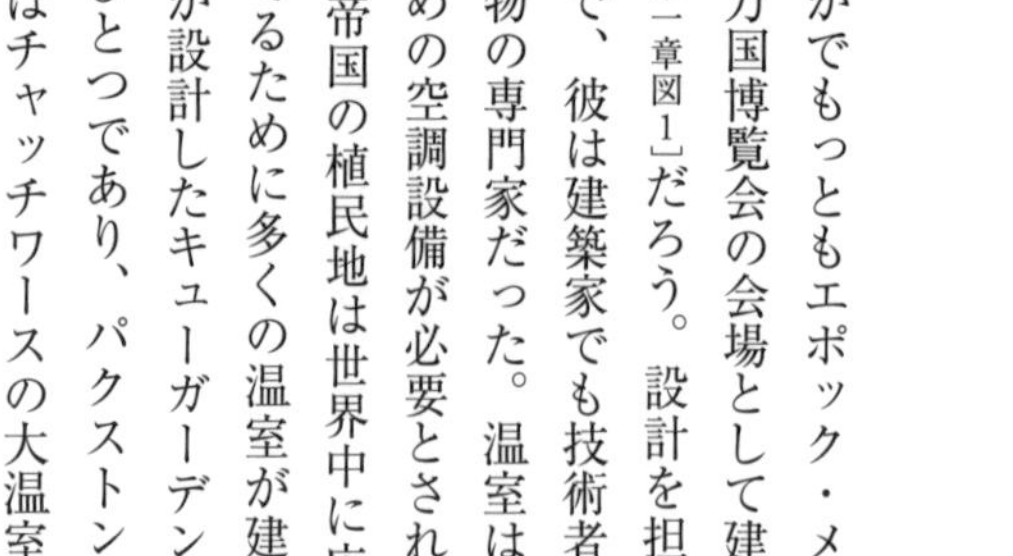

図8　デシマス・バートン＋リチャード・ターナー「パームハウス」一八四七年

委員会による案が提出されたが、伝統的な様式のデザインで、工期やコストなど技術的にみても現実性のない案だった（王立建築協会案）［図9］。最終的にパクストンの案が採用されたのは、この建築が博覧会会場という仮設的な建築であり、公共的・記念的な建築、すなわち芸術であるとは考えられなかった上に工期とコストが最優先されたからである。実施案は中央部にヴォールト屋根を持つ古典的なデザインのように見えるが、これは敷地にある楡の木を残すために後から付け加えられたものであり、パクストンが提出した初期案［図10］には存在していなかった。パクストンは様式（第四層）にはほとんど関心を払うことなく、温室と同じように鋳鉄と木材とガラスだけを用いて、要求された規模の空間を工期内につくり出そうとした。初期の図面を見ると、パクストンは様式どころか建物全体のイメージさえ把握していなかったように思える。むしろパクストン案の最大の特徴は、その形態によりも建設方法にあった。自らが考案した温室の構法を単純に加算することによって巨大な空間をつくり出すという施工システムである。巨大な部品を製作・運搬する技術やクレーンのような建設機械のない当時にあっては、馬力と人力によって運搬・組立が可能な部品を反復的に用いることはもっとも現実的な方法だった。おそらく他の方法ではこれほど巨大な建築（五六三×一三九メートル）を六か月という短期間で建設することは不可能だったろう。この意味でこの建築は技術（第一層）がもっともストレートに表現された建築（第四層）

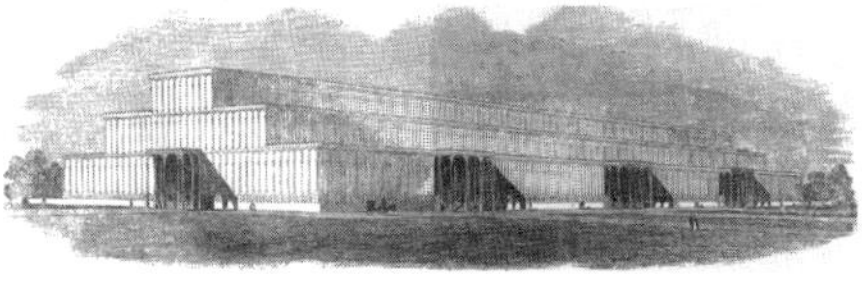

上：図9　万国博覧会会場王立建築協会案
下：図10　ジョセフ・パクストン「クリスタル・パレス」初期案

だといってよい。
この点について鉄骨構造の歴史を新しい視点で研究しているイギリスの建築家クリス・ウィルキンソンは、こう述べている。

クリスタル・パレスは、近代的なスーパーシェッズ[4]の基本的な特性をほとんどすべてそなえていた。モデュラー構法、標準化、大量生産、プレファブリケーション、機械化、軽量化、組織的な工程管理、迅速な現場組立、解体可能性といった点である。もちろん、これらすべての点が互いに独立していたわけではなく、大部分は厳密なプログラムによって管理されていた。建物全体はわずか六ヶ月で完成したが、それは部材の標準化と大量生産によってはじめて可能であった。（中略）この建物は二四フィート（七・二メートル）をモデュールとするプレファブ部材によって建てられた。一モデュールは三分割され、八フィート（二・四メートル）スパンのガラス枠がはめ込まれた。一枚のガラスの大きさは一〇×四九インチ（二五・四×一二五センチ）で、重さは一フィート当たり一六オンスであった。もっとも重い部材は長さ二フィート（六一センチ）の鋳鉄梁だったが、一トンをこえる部品はなく、馬引式か手動式の滑車によって簡単に吊り上げることができた。[5]

4 引用者注：鉄骨構造による大空間

5 クリス・ウィルキンソン著、難波和彦＋佐々木睦朗監訳『スーパーシェッズ——大空間のデザインと構法』鹿島出版会、一九九五年

新しい空間体験

とはいえクリスタル・パレスに対する建築家や芸術家の反応は複雑だった。今までに体験したことのない空間（第四層）に直面して、当時のドイツの建築家ロタール・ブッヘルが述べた感想を、ギーディオンは次のように引用している。これは肯定的な反応の典型だといってよい。

われわれには目からの距離だとか、その実際の大きさとかを判断するためのどんな手がかりも与えられていない。ただ線の優美な網目細工を眺め渡すだけである。その側面の壁は、一目で見てとるにはあまりにかけ離れすぎている。目は壁の一端から多端へと動いて行くかわりに、はるか彼方の地平線上に消え去る遠近法的な眺望に沿って注がれる。われわれには、この構築物が頭上一〇〇フィートぐらいの高さにそびえているのか、それとも一〇〇フィートもあるのか、またその屋根がひとつの平坦な陸屋根になっているのか、あるいは一連のいくつかの棟から出来上がっているのか、寸法を視神経で測りとる動きがぜんぜんないので見分けることができない。[6]

パクストンが前もってこのような空間をイメージしていたとは考えられない。自らが手がけていた温室の空間にその萌芽を感じ取ってはいただろうが、クリスタ

6　ジークフリード・ギーディオン著、太田實訳『空間・時間・建築一』丸善、一九六九年

ル・パレスのスケールは明らかにそれらを凌駕している。彼は与えられたプログラム（第三層）に対して鉄とガラスによる温室の構法（第一層）を単に適用したにすぎない。その結果としてでき上がった空間（第四層）が建築家や芸術家の感性を激しく揺り動かしたのである。たとえばブルネルと協力してパディントン駅を設計した建築家マシュー・D・ワイアットは「敬虔な心から望まれるべき無上の世界の達成」と称賛し「鉄とガラスの結合から建築の新時代が始まろうとしている」と予言した。しかしクリスタル・パレスに「中世館」を出品した建築家オーガスタス・W・N・ピュージン（一八一二―五二）は「ガラスの怪物」と呼び、ジョン・ラスキン（一八一九―一九〇〇）は「胡瓜の温室」と呼んで「鉄では、より高い美は永久に不可能だということを、最後的に実証したものに過ぎない」とこきおろしている。[7] こうした両極端の評価にも四層構造の激しいズレを読み取ることができるだろう。

建築家や芸術家たちの当惑とは対照的にクリスタル・パレスは大衆の人気を集め、万国博覧会は大成功を収めた。この建築が及ぼした影響は絶大であった。これ以降は鋳鉄構造とガラスを組み合わせた建築――市場、温室、アーケード――がイギリスのみならずヨーロッパ全域で続々と建設され、各国が競って万国博覧会を開催するようになった。さらに鉄道路線の拡大に伴って各地に巨大な鉄道駅が建

7　ニコラウス・ペヴスナー著、小野二郎訳『モダン・デザインの源泉――モリス／アール・ヌーヴォー／二〇世紀』美術出版社、一九七六年

設されていった。建築材料においても技術革新が進み、鋳鉄は錬鉄、鍛鉄を経て鋼鉄へと改良され、鉄道レールの生産のために鉄の圧延技術が急速に発展し、長大な部品が生産されるようになった。その最大の成果が一八七九年にフランス革命一〇〇周年を記念して開催されたパリ万国博覧会のエッフェル塔（ギュスターヴ・エッフェル、鋼鉄ではなく錬鉄が用いられた）［第一章図2］と機械館（ヴィクトル・コンタマンとフェルディナン・C・L・デュテール、鋼鉄のトラスが用いられた）［図11］であることはいうまでもないだろう。両者とも鉄材の物性の改良と同時に、鉄骨構造の構造計算技術の進歩の産物でもある。エッフェル塔の足元の曲線は耐風圧力に対する安定モーメントから導き出されたものであり、機械館では熱応力や不同沈下の問題に対して力の伝達が明快な三ヒンジ・アーチがはじめて用いられている。さらにエッフェル塔のために開発されたエレベーターの技術を見落としてはならないだろう。これは後の高層ビルの発展に不可欠な技術となるからである。

鉄骨構造のための建築理論

このように鉄骨構造という新しい技術（第一層）がもたらした可能性に対して、アカデミックな建築家たちはそれにふさわしい建築理論や美学（第四層）をつくり出そうとした。たとえばラブルーストの弟子であるフランスの建築家・理論家

図 11　ヴィクトル・コンタマン+ F·C·L·デュテール「機械館」1889 年

ヴィオレ＝ル＝デュクは中世のモニュメントの復元に携わることを通じてゴシック建築の構造的合理性に注目し、鉄骨構造による新しい構造システムをゴシック建築の伝統に結びつけた。最終的に彼が提案した解答は石造による重構造の外殻のなかに鉄骨（鋳鉄、銑鉄）造による軽量構造を収めるという方法であり、つまるところラブルーストの建築と同じであった。ヴィオレ＝ル＝デュクの考えをさらにラディカルに推し進めたのはフランスの建築家・技術家でありエコール・デ・ボン・エショゼ[8]（国立土木工学校）の教授であったフランソワ・オーギュスト・ショワジー（一八四一—一九〇二）である。彼は古代から近代にいたる建築史を構造、構法、職人組織といった建築生産的な観点から見直し、それを大作『建築史』[9]二巻にまとめた。その中で彼は建築の形態は技術の論理的帰結であること、したがって未来の建築は鉄骨構造になるであろうと結論づけた。

このあたりの事情について、近代建築史を独自の視点で読み解いてみせたドイツの建築史家であるユリウス・ポーゼナーは、こう述べている。

昔、ある理論があり、そこでは構造が建築の全根拠であると考えられていた。この理論の巨人はヴィオレ＝ル＝デュクである。ヴィオレ＝ル＝デュクは、この原理をゴシック様式に見出せると信じていたが、一歩進んでそれをすべての建築に適用した。ヴィオレ＝ル＝デュクとその後継者オーギュスト・ショ

8　一七四七年にルイ一五世の勅令によって設立された土木・建築の高等教育機関。
9　Auguste Choisy, *Histoire de l'Architecture*, 1899.（オーギュスト・ショワジー著、桐敷真次郎訳『建築史』上・下巻、中央公論美術出版、二〇〇八年）

ワジーが出した結論は、鉄――後には鋼鉄――こそが新しい構造の媒体であり、故に未来の建築は金属建築であるというものだった。建築家は将来、金属に取り組むことになるだろうという意見だ。そして、建築家達はそうした。[10]

このようにヴィオレ＝ル＝デュクとショワジーは鉄骨構造に対して肯定的だったが、当時はむしろ否定的な建築家の方が多かった。その代表的な建築家はドレスデン歌劇場（一八四一）［図12］やウィーン王立劇場（一八八八）を設計したドイツの建築家ゴットフリート・ゼンパー（一八〇三―七九）である。当時のドイツはようやく国家統一が実現し近代化にむけて歩みはじめたところであり、新しい技術にふさわしい原理的な建築理論が追求されていた。ゼンパーはカール・フリードリヒ・シンケル（一七八一―一八四一）やカール・ベティヒャー（一八〇六―八九）といった先人たちにならって建設技術を新しい技術と古典的な技術の二つの基本的方法に分類し、前者を「結構術（テクトニックス）」、後者を「切石組積術（ステレオトミックス）」と名づけ、建築の技術（第一層）と美学（第四層）を総合的に結びつけようと試みた。[11]いうまでもなくテクトニックスは鉄骨構造やコンクリート造という新しい構造システムに対応している。彼は一八五一年から五五年までイギリスに亡命し、実際にクリスタル・パレスを眼にしている。彼は

10　ユリウス・ポーゼナー著、田村都志夫訳、多木浩二監修『近代建築への招待』青土社、一九九二年

11　ケネス・フランプトン著、松畑強＋山本想太郎訳『テクトニック・カルチャー――一九―二〇世紀建築の構法の詩学』TOTO出版、二〇〇二年

ラスキンやピュージンほど否定的ではなかったが、鋳鉄とガラスだけによって建設されたクリスタル・パレスは行きすぎであり、鉄骨構造のテクトニックスは石造すなわちステレオトミックスによって補われるべきだと主張した。ゼンパーは近代的なテクトニックスの理論を追求したが、ギリシア建築を範とする古典的な美学から抜け出ることができず、実際の設計にそれを適用することはなかった。ゼンパーの理論を推し進め、それを実現してみせたのは彼の弟子であり近代建築の父といわれるウィーンの建築家オットー・ワグナー（一八四一―一九一八）である。

非物質化

ポーゼナーはクリスタル・パレスをラブルーストの図書館とワグナーのウィーン郵便貯金局営業ホール（一九〇六）[図13]に結びつけながら次のように述べている。いうまでもなくウィーン郵便貯金局の営業ホールは鉄骨構造とガラスによるアトリウム的な空間である。

ワグナーは構造に重点をおく建築家なので、ロース[12]とはまた違う伝統を受け継いでいる。それはラブルーストからパクストンを経てフライ・オットー[13]に至る伝統である。その場合、ラブルーストにはまだ閉鎖空間を新しい構造で

図12　ゴットフリート・ゼンパー「ドレスデン歌劇場」一八四一年

12　引用者注：アドルフ・ロース
13　引用者注：吊構造を専門とするドイツの技術者・建築家。代表作はミュンヘン・オリンピック競技場［第四章図19］。

図 13　オットー・ワグナー「ウィーン郵便貯金局営業ホール」1906 年

解体しようとする試みがなかったことを付け足さねばならない。逆に彼は新しい構造を通じて——当時は鋳鉄を使った——建築を征服しようとした。パリの国立図書館を思い浮かべればこのことがよく分かる。閉鎖空間の解体は（アカデミックな意味では）建築を修めていないパクストンを待たねばならない。ゴットフリート・ゼンパー、リヒャルト・ルケ両ドイツ建築家はクリスタル・パレスを非空間（ニヒト・ラウム）と名づけている。ゼンパーは「ガラスで覆われた真空」という言葉を使い、ルケは「型に流し込まれた空気」と語る。非空間、すなわち通常建築的にはもう空間とは呼べないものなのだが、まさにこれこそがワグナーの営業室の天井の納まりである。

ここに垣間見るものは、二〇年代になされた「新しい建築」の創造のさまざまな試みにおいて、われわれが出会うことになる、ある一定の方向といえる。[14]

14　前掲注10

ポーゼナーが指摘する「ある一定の方向」が、鉄骨構造のテクトニックスが向かう方向であることはいうまでもない。それは鉄骨構造の進展が必然的にもたらす建築の軽量化、高性能化であり、空間の開放化、透明化、均質化である。ポーゼナーはそれを一言で「非物質化（Dematerialization）」と呼んでいる。そして二〇世紀初頭のモダニズム建築運動はこの「非物質化」を巡って展開することになる。

第三章　モダニズム建築運動——技術の建築化

非物質化がモダニズム建築運動の最大のテーマとして表面化するまでには、いくつか越えるべきハードルがあった。そのハードルは四層構造のそれぞれの層が自立的なシステムであることに起因している。モダニズム運動は四層構造における矛盾をエネルギーにして展開したといっても過言ではない。

モダニズムの四層構造

非物質化は第四層（美学）の問題だが、その起源は第一層（鉄骨とガラス）にある。しかし第四層が自立したシステムである以上、非物質化が歴史的必然となるには第四層がそれを受け入れ、自らがシステム変換しなければならない。

　さらに第三層（機能性）の問題も無視することはできない。モダニズム運動は新しく生み出されたビルディングタイプに建築的形態を与え、建築やデザインを通じて社会を改良していこうとする運動でもあったからである。先にも述べたようにジョン・ラスキンがクリスタル・パレスを嫌ったのは美的見地（第四層）からだが、その弟子のウィリアム・モリス（一八三四―一九六）は社会的見地（第三層）からクリスタル・パレスを批判した。その理由はクリスタル・パレスに大々的に展示されていた機械化の産物（第一層）が労働の喜びや豊かな生活（第三層）に結びついていないからである。つまり建築やデザインは本来、社会生活を豊かにすべきものであり、そうした要求に応えていない以上、機械化を認めるわけに

図1　ヴィクトル・オルタ「タッセル邸」一八九三年

はいかないとモリスは主張した。機械化に反対し職人技術への回帰を主張したにもかかわらず、モリスが興したアーツ・アンド・クラフツ運動がモダニズム運動の端緒として位置づけられるのはこのような意味においてである。

アール・ヌーヴォー

これに対して第四層それ自体の転換を準備したのはアール・ヌーヴォーである。アール・ヌーヴォーは植物をモデルとして曲線を多用する様式であり、モダニズムの直線的なデザインとは対極的である。にもかかわらず第一章「技術の世紀末」でもすでに指摘したように、過去の歴史的な様式からの脱却を促した点において、アール・ヌーヴォーはモダニズムへの重要なステップを提供したことは歴史の皮肉だといってよい。さらに興味深いのはアール・ヌーヴォーがその表現手段として鋳鉄を多用した点である。もちろんその使い方は鉄の加工性と展延性にもとづくものであり決して近代的な使い方とはいえない。ヴィクトル・オルタ（一八六一―一九四七）のタッセル邸（一八九三）［図1］やエクトール・ギマール（一八六七―一九四二）によるパリ地下鉄入口（一九〇五）を見ればそれは明らかだろう。さらにこうした歴史的コンテクストにもとづいてアントニオ・ガウディ（一八五二―一九二六）やルイス・サリバン（一八五六―一九二四）［図2］の建築を読み取ってみるのも興味深いかもしれない。

図2　ルイス・サリバン「カーソン・ピリー・スコット百貨店」一九〇四年

このようなモダニズム運動の展開における錯綜したプロセスについてニコラス・ペヴスナーは次のように述べている。

技術者はみずからの身も心も震うような新発見に、あまりに夢中になりすぎて、その身辺に積み重なりつつあった社会的不満に気づかず、モリスの警めの声に耳をかそうとしなかった。この対立のために、一九世紀の建築と芸術における二つの主な傾向は、力を合わせることができなかった。アーツ・アンド・クラフツは回顧的態度を保ち、技術者は技術者として芸術に無関心であった。

アール・ヌーヴォーの指導者たちは、この両面を最初に理解した人たちであった。彼らは、モリスが説いた芸術の使命に対する新しい福音を受け入れた。しかし彼らは、新しい現代は機械の時代であることも認識したのである。これが彼らの名声に長く残る肩書きの一つなのである。近代運動とは、モリスの運動と鋼鉄産業の発達とアール・ヌーヴォーとの結合された結果である、と理解することが肝要である。[1]

ヘンドリク・ペトルス・ベルラーへ（一八五六―一九三四）が設計したアムステルダム株式取引所（一九〇三）［図3］も同じような歴史的コンテクストでとらえ

1　前掲第一章注3

図3　ヘンドリク・ペトルス・ベルラーへ「アムステルダム株式取引所」一九〇三年

図４　「アムステルダム株式取引所」室内空間

ることができる。この建築の室内空間は明らかにラブルーストの延長上にあるが、レンガ積の平坦な構造壁や鉄骨構造による小屋組トラスのアーチをそのまま露出させている点［図４］で、ワグナーのウィーン郵便貯金局営業ホールの空間にさらに一歩近づいているといってよい。依然として閉じた空間である点では過渡的な建築だが、「すべての建築要素をストレートに表現すべきである」というベルラーへの主張は近代建築のデザイン上の論理を先取りしたものである。

非物質化への抵抗

歴史的様式から脱却したとはいえ

非物質化が第四層にすんなりと受け入れられたわけではない。鉄骨構造がもたらす建築の「非物質化」に対し、次の段階で建築家たちがとった対応はそれをあらためて「物質化」することであった。建築家たちは長い歴史の中で石造やレンガ造（第一層）を通じて培われてきた「重厚な建築」という美学（第四層）に新しく勃興してきた鉄骨構造（第一層）を適合させようとした。言い換えれば技術を芸術化しようとしたのである。

ペーター・ベーレンス（一八六八―一九四〇）のベルリンのAEGタービン工場（一九一〇）［図5］はその典型的な例だといってよい。ベーレンスはヘルマン・ムテジウス（一八六一―一九二七）とともに新興ドイツの工業化をリードした建築家・工業デザイナーである。ムテジウスは先進国イギリスの工業デザインの展開をつぶさに研究し、ドイツの工業デザインを英国に匹敵するレベルに育成する目的でドイツ工作連盟を設立した。ベーレンスはそうしたムテジウスの思想に協調し、ドイツの代表的な大企業であるAEG（ドイツ総合電機会社）の主任デザイナーとしてムテジウスの思想を実行にうつした。後にモダニズム運動をリードすることになる建築家たち、ワルター・グロピウス、ミース・ファン・デル・ローエ、ル・コルビュジエは皆ベーレンスの設計事務所で働いたことがあり、この工場の設計ではミースが助手として参加している。この工場の主構造は鉄骨の三ヒンジ・アーチを平行に並べたもので、側面ファサードでは鉄骨の列柱が露出して

図5　ペーター・ベーレンス「AEGタービン工場」一九一〇年

おり、柱脚のピン構造もはっきりと表現され、柱の間にはガラスの皮膜が挟まれている[図6]。しかし柱列の頭をつなぐ鉄骨の軒桁は箱型で構造的な必要性以上にマッシブな表現が与えられている。さらに正面ファサードでは側面とは一変して構造システムとは無関係なデザインが展開されている。まず目を引くのは多角形のペディメント(破風)である。これがギリシア神殿の引用であることはいうまでもないだろう。ペディメントを支える鉄骨柱には、ペディメントから吊り下

図6 「AEGタービン工場」軒桁と柱脚

げられたような軽いガラス皮膜が取り付けられ、逆に両側の壁は構造的な意味のない単なるスクリーンであるにもかかわらず、ペディメントを支えるパイロン（支柱）のような表現が与えられている。このようなデザインについて、ユリウス・ポーゼナーはこう説明している。

ベーレンスがそこで試みたことは、「新しい技術」を古典的美学で抑制することだった。タービン工場側面の二階建て建物は純粋なシンケル様式である。[2] シンケルの劇場からとったものだ。またその多角形ペディメント、そして支えのコーナー・パイロン、[3] しかしそれは実は支えではなく、純粋に空間的な納まりである。また、側面ファサードにおける列柱の暗示と箱型エンタプレチュア。全ては側面の建物部分同様、古典的美学の支配下にある。[4]

さらにポーゼナーはこの工場においてはじめて鉄骨構造の「建築」が生み出されたと述べ「このタービン工場は、シンケルの伝統を受け継ぐ建築家が独自の方法で鉄骨構造に取り組み、構造の解釈に違いはあるものの、それを鉄骨構造として心服させるに足るかたちで表現したからこそ貴重なものだと私には思われる」[5] と最大限に評価している。しかし工場でありながらなぜ神殿のようなデザインを採用する必要があったのだろうか。それは新興ドイツにとって工場は国力を表すモ

2 引用者注：この部分をミースが担当したらしい
3 引用者注：パイロンとはエジプト神殿の入口にあった塔状の門
4 前掲第二章注10
5 前掲書

図7 ワルター・グロピウス「工作連盟館（モデル工場）」一九一三年

ニュメントでもあったからだと思われる。建築家は新しい技術（鉄骨構造＝第一層）と新しい機能（工場＝第三層）にモニュメンタルな表現（神殿＝第四層）を与えたわけである。ポーゼナーのいう「建築」とはそのような意味である。

ベーレンスの弟子であるワルター・グロピウス（一八八三―一九六九）はドイツ工作連盟が第一時大戦直前の一九一三年にケルンで開催した展覧会に工作連盟館（モデル工場）〔図7〕を出品している。グロピウスはその二年前にもファグス靴工場（一九一一）〔図8〕を設計している。いずれも主構造は鉄骨構造ではないが、鉄とガラスによるカーテンウォールがメタル建築の新しい展開を示しており、ベーレンスの工場から非物質化へと一歩踏み出している。しかし注目すべき点は、後にバウハウスの校長としてモダニズム運動をリードすることになるグロピウスでさえ、鉄骨構造に対しては伝統的な美学を当てはめるべきだと考えていたことである。彼はケルンにモデル工場を出品した同じ年の一九一四年のドイツ工作連盟年報において以下のように主張している。ここにも四層構造における第一層と第四層のズレを読み取ることができるだろう。

悟性による材料強度の算術計算は、本能が感じとる建築部材の幾何学的調和と本質的に異なる。構造形式と芸術系形式とは違うものだ。異なった強度の

図8　ワルター・グロピウス「ファグス靴工場」一九一一三年

材料を、それが持つ技術的及び美的機能において比較すると、技術計算による要求を満たすことが必ずしも美的要求を意味しないことが知れる。太い木の梁を二本の鉄棒が支える。構造計算としては十分かも知れないが、美的感覚を持つ眼にはこの荷重と支えのアンバランスは侮辱だ。何故なら材料[6]の持つ無言の特性は目には見えないが、調和や均整は視覚的外形感性的直感においてのみ把握できるものだからである。[7]

6 引用者注：グロピウスは鉄のことを指している

7 前掲書

表現主義

同じ時期に鉄骨構造において新しい可能性を示したのはブルーノ・タウト（一八八〇—一九三八）である。ケルンのドイツ工作連盟展に出品されたガラス工業館（一九一四）［図9］は彼の代表的建築であり、詩人パウル・シェールバルトのガラスに関する詩的イメージに喚起されタウト自身が描いたユートピア的な画集『アルプス建築』[8]にもとづいて設計された建築である。正一六角形平面の鉄骨フレーム上に鉄骨リブによる測地線ドームを乗せ、フレームとリブの間にガラス・ブロックとガラス・パネルとをはめ込んでおり、バックミンスター・フラーのジオデシック・ドームを思わせる構造システムや、ガラスの可能性を追求した透明な内部空間は構造と形態が一体となった先駆的建築といってよい。とはいえ鉄骨フレームは依然としてマッシブで鈍重であり、フレームにはめ込まれたガラ

8 Paul Scheerbart, *Glasarchitektur*, 1914.

ス面は膜としてよりも石造的な感覚で用いられている点において、非物質化へと向かう潮流のなかでは過渡的な建築といってよい。

タウトを中心として第一次大戦前後のモダニズム建築家たちは、一時的にではあるが表現主義的なデザインにとらわれている。それは第一次大戦やロシア革命が勃発した不安定な時代に対する建築家たちの過渡的な反応であった。第一次大戦は初めての世界大戦であり、長らく大きな戦争のなかったヨーロッパの人々に大きな文化的・精神的打撃を与えた。表現主義はその表れであり一種のロマン主義である。その後の展開から振り返ると、表現主義は建築形態の不安定化をそれまで以上に推し進めることによって一九世紀末にアール・ヌーヴォーが歴史様式からの脱却を準備したのと同じように、ベーレンスの工場に見られるような安定した古典主義の残滓を払拭する役割を果たしたように思われる。

ロシア・アヴァンギャルド

当時の技術的制約を越えて鉄骨建築のイメージ上の表現革命を追求したのはロシア・アヴァンギャルドである。一九一七年に勃発したロシア革命を受けて、ロシア・アヴァンギャルドの建築家たちは、革命後の新しい社会にふさわしいダイナミックな建築をめざした。彼らの計画案はほとんど実現されることはなかったが、

図9　ブルーノ・タウト「ガラス工業館」一九一四年

それらが鉄骨構造を前提にしてデザインされていたことは明らかである。ウラジミール・タトリン（一八八五―一九五三）による第三インターナショナル記念塔（一九二〇）［図10］、エル・リシツキー（一八九〇―一九四一）のレーニン演説塔（一九二〇）［図11］、リシツキーとマルト・シュタム（一八九九―一九八六）の共同による雲の支柱（一九二四）［図12］、ヴェスニン兄弟の労働宮（一九二三）［図13］、イワン・レオニドフ（一九〇二―五九）のレーニン研究所（一九二七）［図14］といった一連の計画案は、後の鉄骨構造の展開を予言する先駆的なプロジェクトであり、建築の非物質化に向けての果敢な挑戦と見ることができるだろう。エンジニアであるウラジミール・シューホフ（一八五三―一九三九）が設計した鉄塔［図15］は、せんだいメディアテークの原型ともいえる構築物である。後に述べるように、ロシア・アヴァンギャルドのプロジェクトは二〇世紀末のデコン派とりわけオランダの建築家レム・コールハースによって再び注目を浴びることになる。

戦争と技術

第一次世界大戦は飛行船や航空機の技術の急速な進展を促した。とりわけ巨大な容積を持つ飛行船は暴風雨に対する保護を必要としたため、鉄骨構造の巨大な格納庫が世界中に建設された。最大規模の格納庫は高さ六〇メートル、スパン一〇〇メートル、長さ三五〇メートルに達している［図16］。飛行船が使われたの

右下左：図13　ヴェスニン兄弟「労働宮」1923年
右下右：図14　イワン・レオニドフ「レーニン研究所」1927年
左下：図15　ウラジミール・シューホフ「シャボロフカのラジオ塔」1929年

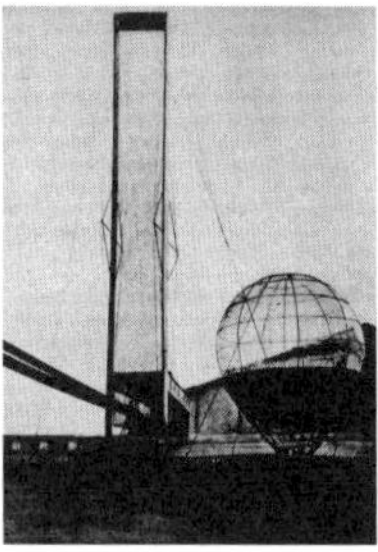

右上：図 10　ウラジミール・タトリン「第三インターナショナル記念塔」1920 年
左上：図 11　エル・リシツキー「レーニン演説塔」1920 年
右中：図 12　エル・リシツキー+マルト・シュタム「共同による雲の支柱」1924 年

は二〇世紀初頭から第二次世界大戦までの短い期間だったが、この間に鉄骨構造による大スパン構造の技術が急速に発展した。まもなく飛行船は航空機に取って代わられ、ほとんどの飛行船格納庫は解体されてしまった。しかしその技術は第二次大戦後に世界中に建設された大スパンの航空機ハンガーへと引き継がれ、さらには宇宙ロケット組立工場へと展開されていった。

工場建築とアルバート・カーン

第一次世界大戦やロシア革命はヨーロッパ全体に大きな打撃を与えたが、参戦しなかったアメリカはヨーロッパが戦後処理に追われている間に急速な経済成長を遂げた。アメリカは基本的にヨーロッパからの移民によってつくられた国であり、本質的な部分ではヨーロッパの伝統的な文化や習慣（すなわち第四層を支える文化）を受け継いでいる。ときにはそれが反動的なかたちで噴出する場合もあるが、鉄骨構造のような新しい技術に関してはアメリカの建築家たちは先入観にとらわれることなく、ヨーロッパよりも自由な発想で取り組むことができた。急速な経済成長に応えるために多くの生産施設が建設されたが、なかでも自動車生産工場はその後の生産施設のプロトタイプとなった。自動車生産をリードしたのはフォード社であり、その工場の設計を一手に引き受けたのがアルバート・カーン（一八六九—一九四二）である。彼はフォード社のあるデトロイトに設計事務所

図16「ツェッペリン飛行船ハンガー」

を構え、フォード社の一連の工場をはじめとして生涯に二〇〇〇棟の工場を設計した。何よりも工期とコストが重視される工場に対して彼が採用した方法は、徹底した単純化と工業生産化（第一層）であり、形態や象徴性（第四層）に関してはほとんど気に留めなかったといわれている。その結果ヨーロッパの工場とはまったく異なる非物質化された空間（第四層）が生み出されることになった。彼が設計した代表的な工場のひとつはフォード・ルージュ工場ガラスプラント（一九二二）[図17]である。これはフォード車のガラスを製造するために建てられたプラントで二二九メートル×八五メートルの単純な平面の中にすべての機能が収められている。生産ラインは四基の溶解炉と煙突からスタートして一直線上に並べられ、内部の機能に応じて屋根の高さやかたちが変えられている。煙突の垂直線、波打つ採光屋根、水平に延びる軒線の対比はモニュメンタルな迫力を備えており、工場建築の名作のひとつだといってよい。先のベーレンスの工場と比較すれば、カーンのデザインが伝統的な美学にまったくとらわれていないことがわかるだろう。カーンは同じような方法で数多くの工場を設計し、一時期には革命後のソヴィエトにも進出した。彼がボルチモアに設計した九一メートルスパンの巨大な無柱空間を持つグレン・マーチン組立工場（一九三七）はミースの美術館のモンタージュ写真に用いられたことで有名である。

　カーンが採用した単純化と工業化は建築生産の方法としてきわめて一般性が高

図17　アルバート・カーン「フォード・ルージュ工場ガラスプラント」一九二二年

かったため、大量生産が可能な標準鉄骨工場として産業化された。これは建設産業も自動車産業のような方法を見習うべきであるという、その後の工業化の方向を先取りすることになった。

第一次大戦後の一九二〇年代のヨーロッパにおける革新的工場として第一に挙げられるのはヨハネス・A・ブリンクマン（一九〇二―四九）とL・C・ファン・デル・フルーフト（一八九四―一九三六）が設計したファン・ネレ煙草工場（一九三一）［図18］である。工場の建物自体は鉄筋コンクリート造のマッシュルーム柱とフラットスラブでつくられているが、各棟をつなぐ鉄骨トラスのブリッジ、スチールのカーテンウォール、円形平面のペントハウス、細部のメタルワークなど、モダニズムがめざした「機械のイメージ」をあますところなく表現している。とはいえカーンの工場のストレートな技術表現と比較すると、ブリンクマンとファン・デル・フルーフトが依然としてイメージ表現（第四層）を優先させていることは否めない。カーンは機械のイメージにとらわれることなく、工場を機械そのものとしてデザインした。つまりカーンは結果としての表現を気に留めなかったがゆえに非物質化を徹底して推し進めることになった。しかしブリンクマンとファン・デル・フルーフトは表現を意識したがゆえに工場を建築の伝統のなかに留めたといえるだろう。ここにも建築の第一層と第四層の巨大なズレを見る

図18　ヨハネス・A・ブリンクマン＋L・C・ファン・デル・フルーフト「ファン・ネレ煙草工場」一九三一年

ことができる。

ファン・ネレ煙草工場と同じように鉄筋コンクリート構造と鉄骨構造を組み合わせた工場として注目されるのがブーツ製薬工場（一九三二）［図19］である。設計したE・オーウェン・ウィリアムズ（一八九〇―一九六九）は建築家ではなくエンジニアであった。これもマッシュルーム柱とフラットスラブを主構造としたフレキシブルな工場であり、透明ガラスのカーテンウォールが軽快な外観を、そして鉄骨トラスの間にガラス・ブロックをはめ込んだ半透明な屋根が非物質的で軽快な内部空間を生み出している。

図19　E・オーウェン・ウィリアムズ「ブーツ製薬工場」一九三二年

ガラスの家

モダニズムの時代の鉄骨建築として忘れることのできないのがピエール・シャロー（一八八七―一九五〇）の設計したガラスの家（一九三二）［図20］である。この建築は新築ではなくパリのアパルトマンの一部にはめ込まれた建築であり歯科診療所と住宅が収められている。増改築で規模もさほど大きくないにもかかわらず、この建築にはル・コルビュジエやジェームズ・スターリングをはじめとする多くの建築家たちが魅入られた。その理由は既存建物に鉄骨フレームを差し込むことによって生み出されたフレキシブルな空間の内部に緻密なメタルワークによる精密機械のような建築部品がちりばめられ、機械のイメージだけでなく実際に建具、家具、間仕切りが機械のように動く空間が実現されているからである。圧延型鋼や鋼管などのさまざまなスチール部材、グレーチング、パンチングメタル、スチール・メッシュ、レンズ型ガラス・ブロック、網入ガラス、ジュラルミン・パネル、ゴムタイルといった建築材料だけでなく、建築金物、照明器具や配線パイプなどの電気設備、空調設備、衛生設備などにも当時としては最新の技術が使用され、きわめて密度の高い空間が実現されている。工業化が生み出した精度の高い建築として、この建築は将来のメタル建築が向かうひとつの方向を指し示したといえるだろう。

ル・コルビュジエ

モダニズムの代表的な建築家であるル・コルビュジエは鉄骨構造においては傑出した建築を残していない。彼は基本的に鉄筋コンクリート構造の建築家だった。しかし『建築をめざして』の冒頭で「技師の美学」を唱えたル・コルビュジエが、鉄骨構造にまったく興味を持たなかったはずがない。彼はたえず鉄骨構造に挑戦しつづけている。スイス学生会館（一九三二）[図21]のピロティは重厚な鉄筋コンクリート造だが、上部の居住部分は鉄骨フレーム構造による軽快な箱である。あるいはジュネーヴのクラルテ・アパート（一九三二）の階段室やバルコニーのメタルワークは機械のイメージに溢れている。ソヴィエト宮計画（一九三一）

図20　ピエール・シャロー「ガラスの家」一九三二年

図23　ル・コルビュジエ「ユニテ・ダビタシオン」一九五二年

［図22］はそもそも鉄骨構造なしには考えられなかっただろう。第二次大戦後に建てられたマルセイユの集合住宅ユニテ・ダビタシオン（一九五二）［図23］の住戸部分は鉄骨フレームによって計画され、スケンルトン・インフィルの先駆けともいえる試みだが、戦後の資材不足でやむなくコンクリートに変更されている。ロンシャンの教会（一九五五）のような彫塑的な建築でさえも、計画の当初は航空機の翼をイメージした鉄骨トラスによる軽快なシェル構造によってデザインされ

図21　ル・コルビュジエ「スイス学生会館」1932年

図22　ル・コルビュジエ「ソヴィエト宮計画」1931年

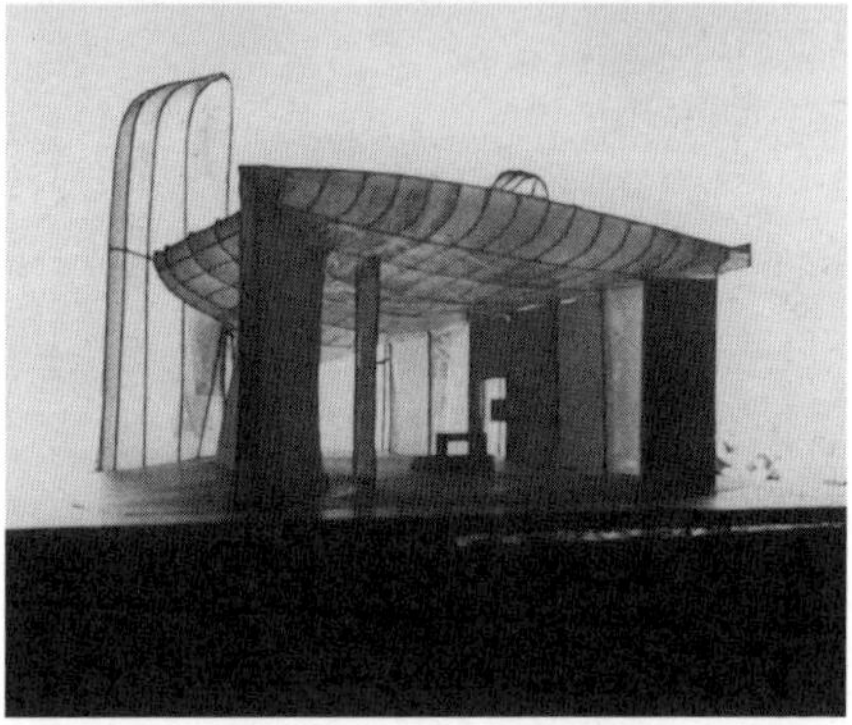
図24　ル・コルビュジエ「ロンシャンの教会」計画案、1955年

図25　ル・コルビュジエ「チューリヒのパヴィリオン」1967年

ている[図24]。最終的に鉄筋コンクリート造の彫塑的な建築になったのは、当時のフランスでは第二次大戦直後で鉄骨造を実現できるだけの建設技術がなかったために、やむなく鉄筋コンクリート造が選ばれたのではないかと推測される。作曲家であり建築家でもあったヤニス・クセナキス（一九二二―二〇〇一）との共同作品であるブリュッセル万博フィリップス館（一九五八）やル・コルビュジエの死後に完成したチューリヒのパヴィリオン（一九六七）[図25]において、よう

やく本格的な鉄骨建築が実現したのである。このような経緯から見るなら、ル・コルビュジエはモダニストとして先進的な鉄骨技術に強い興味を持っていたことは間違いない、しかし彼が生きた時代とフランスという地域の経済的・技術的な制約条件が、いやおうなく彼を鉄筋コンクリート構造につなぎとめたのだといえる。とはいえ彼の建築観が根底においてはヨーロッパの重厚な建築の伝統のなかにあったことも明らかである。そのことは同時代を生きたミース・ファン・デル・ローエの歩みと比較してみればよくわかる。

ミース・ファン・デル・ローエ

モダニズムの建築家のなかで鉄骨構造の可能性をもっとも深く追求したのは、いうまでもなくミース・ファン・デル・ローエである。ミースはまず初期の二つの計画案フリードリヒ街のオフィスビル（一九二一）［図26］と鉄とガラスのスカイスクレーパー案（一九二二）［図27］において、鉄骨構造の可能性を提示している。計画案であるがゆえにそこには技術的制約を超えた建築家のイマジネーション（すなわち第四層）がストレートに表現されている。外装の波打つガラス面には明らかに表現主義の影響が見られるが、一方でミースはガラスの透明性と反射性を徹底的に追求することによって、それまでの古典的な表現を一掃したと見ることができる。このデザインの意図についてミースはこう述べている。

図26　ミース・ファン・デル・ローエ「フリードリヒ街のオフィスビル」一九二一年

図27　ミース・ファン・デル・ローエ「鉄とガラスのスカイスクレーパー」一九二二年

スカイスクレーパーはその建設中に大胆な構造躯体を露呈している。その時にこそ巨大な骨組は圧倒的な印象を与える。一方、外壁が取り付けられるとこの印象は消え、すべての芸術的設計の基盤である構造的性質は否定される。(中略)これらの建物の構造原理は、われわれが外壁に非耐力ガラスを使うことで明確になる。ガラスの使用によって新しい道が開ける。[9]

オフィスビル計画案において鉄骨構造とガラスの表現上の可能性を追求した後、彼はドイツ工作連盟に加わり建築の工業化に興味を抱くようになる。一九二四年に発表した「工業的建築」というマニフェストは、工業化による建築の非物質化の可能性について述べたものである。

建設プロセスの工業化は材料の問題である。したがってわれわれは最初に、新しい建築材料を発見することを考えなければならない。われわれの技術は工業的に製造し加工できて、しかも耐候性があり、遮音性と断熱性に富む材料を発明しなければならないし、発明するだろう。それは単に工業生産が可能というより、工業生産によって初めて生産が可能な軽量材料となるだろう。すべての部品は工場で造られ、現場での仕事はきわめて少ない手間しか必要としない組立作業だけになるだろう。これは建築費を大幅に引き下げる。こ

9 フランツ・シュルツ著、澤村明訳『評伝ミース・ファン・デル・ローエ』鹿島出版会、一九八七年

うして新しい建築は、それ自身の特性を持つ。そして昔ながらの建設方法が消え去ることを、私は確信する。[10]

このマニフェストにおいて、ミースがそれまでのレンガ積構造に代えて鉄骨構造による工業化建築をイメージしていたことは明らかである。彼は一九二六年にドイツ工作連盟の副会長に就任し、シュツットガルト郊外において国際的な住宅建築展ワイゼンホーフ・ジードルンクを開催する。彼はこの実作展に鉄骨フレームと乾式工法による集合住宅を出品している。しかしその後のミースの歩みは一九二四年のマニフェストどおりには進んでいない。一九二九年のバルセロナ万博に出品されたパヴィリオン［図28］は鉄骨を主構造としてはいるが、仕上げには手づくりの金物や高価な石材が使用されていたし、その翌年にチェコスロバキアのブルーノに完成したチューゲントハット邸（一九三〇）［図29］も鉄骨構造ではあるが大富豪の邸宅であり、すべてが特注部品だった。しかしこの二つの建築は透明で軽快な空間を実現している点において、当時としては非物質化の極致を示している。

技術の建築化

このようにヨーロッパ時代のミースの建築では、構法（第一層）と表現（第四層）

10　山本学治＋稲葉武司著『巨匠ミースの遺産』彰国社、一九七〇年。一部筆者が意訳している。

図28　ミース・ファン・デル・ローエ「バルセロナ・パヴィリオン」一九二九年

とが大きく食い違っていた。両者の溝を埋めミースが自らのマニフェストに近づくのは第二次大戦後のアメリカにおいてである。イリノイ工科大学（ＩＩＴ）のキャンパス計画において、ミースはキャンパスを構成する多様な機能の建築群を二四フィート×二四フィート×一二フィートという同一モデュールによって整序し、アメリカの先進的な鉄鋼技術を用いることによって、技術と表現の統合を試みた。細部においては多様な構法が試みられたが、ミースが最終的には技術と表現を結びつける単一の構法を求めていたことは明らかである。ミースは一九五〇年のイリノイ工科大学での講演「技術と建築」においてこう述べている。

技術は単なる手法をはるかに越えるものであり、それ自体がひとつの世界である。手法としてもほとんどあらゆる観点ですばらしいものである。しかし、工学的な巨大構造としてそれ自体が表されているところでのみ、技術はその本当の性質を見せている。

明らかなのは、有用な手段であるということだけでなく、それ自体が一つの、それ自体の内に、意味と力強い形態を持つものであるということだ。事実、非常に力強く、名づけるのも難しい。はたしてこれはやはり技術なのだろうか、建築なのだろうか。

そしてこれが、建築が時代遅れとなって技術に取って代わられると確信す

図29　ミース・ファン・デル・ローエ「チューゲントハット邸」一九三〇年

る人々が存在する理由であると思われる。そのような決め付けは明確な思考に基づいていない。逆も起こる。技術が真に臨界点に達したところでは必ず、それが建築へと超越していくのだ。[11]

建築史家のコーリン・ロウはミースの建築の古典性について論じた論文「シカゴ・フレーム」[12]において一九世紀末のシカゴ派の高層ビルにおける鉄骨フレームと一九二〇年代のヨーロッパにおける鉄骨フレームとを対比させ、前者を「事実としてのフレーム」（すなわち第一層）、後者を「観念としてのフレーム」（すなわち第四層）と呼んでいる。そして前者の鉄骨フレームは投機を目的とする高層ビルの実利的手段として採用されたのに対し、後者の鉄骨フレームは近代的空間を表現する普遍的システムとして象徴的意味を帯びており、ミースはアメリカに渡ることによって両者を統合したと主張している。

初期のミースは「建築」ではなく「建物」をめざすと主張し、技術の結果としての建物というヴィジョンを提唱した。しかしその後のバルセロナ・パヴィリオンやチューゲントハット邸においては、技術＝構法と表現＝建築とが微妙なズレを起こしている。そしてアメリカに渡ったミースはＩＩＴキャンパス計画（ＩＩＴ）において、技術の徹底化が建築へと超越するというヴィジョンに到達する。たしかにロウもいうようにレイクショアドライブ・アパート（一九五一）

11 「ミースの作品におけるモダニズムと伝統について」『ミース再考——その今日的意味』ケネス・フランプトン他著、澤村明＋ＥＡＴ訳、鹿島出版会、一九九二年
12 伊東豊雄＋松永安光訳『マニエリスムと近代建築——コーリン・ロウ建築論選集』彰国社、一九八一年

［図30］、ファンズワース邸（一九五一）［補論2図19］、IITクラウンホール（一九五六）はかろうじて技術＝建築というミースのヴィジョンに近づいている。しかしそこでも技術がストレートに表現されているわけではなく、古典的構成を実現するために構造的・構法的合理性は必ずしも最優先されていない。その傾向はシーグラム・ビル（一九五八）［図31］以降さらに強まっていく。ミースが生涯の最後に設計したベルリン新国立ギャラリー（一九六七）［図32］は、鉄骨格子梁の重厚な屋根スラブとモニュメンタルな鉄骨柱によって構成されたまさに現代の神殿とでも呼ぶべき建築である。この建築においてミースは師のベーレンスを通り越し、一八世紀の新古典主義の建築家カール・フリードリヒ・シンケルへと回帰したのだといってよい。ミースの建築がヨーロッパの古典主義様式を踏襲していることは、彼の建築のプロポーションや柱の構成を見るとよくわかる。この点については補論「ミース問題——コンポジションとコンストラクション」において詳しく論じる。

図30　ミース・ファン・デル・ローエ「レイクショアドライブ・アパート」一九五一年

リチャード・バックミンスター・フラー

ミースとは対照的に（あるいは初期のミースが主張した通りにといってもよいが）、技術の徹底した追求から建築を生み出そうとしたのがリチャード・バックミンスター・フラー（一八八五―一九八三）である。フラーはアメリカ人であり

図 31　ミース・ファン・デル・ローエ「シーグラム・ビル」1958 年

図 32　ミース・ファン・デル・ローエ「ベルリン新国立ギャラリー」1967 年

正式な建築教育を受けなかったためヨーロッパの建築的伝統にとらわれることがなかった。それでも一九二〇年代のモダニズム運動に触発されていくつかのプロジェクトを提案している。彼は世界中に運搬・建設が可能な建築を実現するには工業化を通じた軽量化が最重要課題だと考え、最初からメタル建築に取り組んでいる。一九二九年に発表したダイマキシオン・ハウス（一九二九）［図33］は中心に圧縮支柱を持つ六角形平面で、外周を引張材によって固定されている。このように圧縮材と引張材を組み合わせた軽量構造は当時の飛行船の張力構造に影響を受けたものであり、その後のフラーの主要な構造モチーフとなる。設備配管類は中心の支柱まわりに集められ、外装はアルミニウム合金であるジュラルミンによって覆われている。この住宅は計画案に終わったが、その後もフラーはこの住宅のシステムを改良し、銅板をプレス加工しメッキ仕上げを施したダイマキシオン浴室（一九三七）［図34］の原寸大モックアップを製作している。一体成形による浴室ユニットの考え方は第二次大戦後、材料はプラスチックに変わったが世界中に普及していく。いわゆるバスルーム・ユニットである。ダイマキシオン・ハウスのヴィジョンについて、フラーの評伝を書いた建築ジャーナリストのマーティン・ポーリーは以下のように解説している。これは非物質化と建築の工業化・軽量化との必然的な結びつきを指摘したものといってよいだろう。

図33　バックミンスター・フラー「ダイマキシオン・ハウス」一九二九年

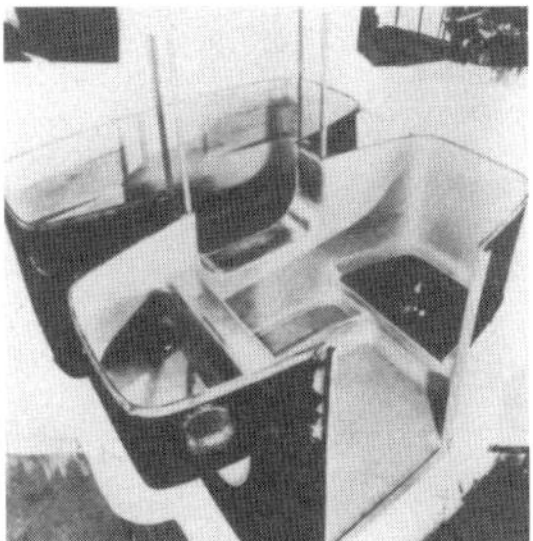
図34　バックミンスター・フラー「ダイマキシオン浴室」一九三七年

フラーは、プレファブ住宅におけるコスト効率は製品の重量を劇的に減らすことにある、ということを最初に理解した先駆者であった。一九二九年、彼が最初に設計したジュラルミンとプラスチックを素材とする「ダイマキシオン・ハウス」は、未来の量産住宅の原型として、長年のあいだ新聞や雑誌に掲載され続け、その初期における変型の一つとして飛行船ツェッペリン号で世界中どこにでも空輸できる軽量高層アパート塔さえ提案されたのである。[13]

フラーは「建築は社会のために貢献すべきである」というモダニズムの思想には共鳴したが、モダニズム・デザインに対しては批判的だった。その理由はモダニズム・デザインが技術（第一、二層）や機能（第三層）を追求すると主張しながら、無意識のうちにスタイル（第四層）を優先していたからである。ダイマキシオン・ハウスと同時期にル・コルビュジエの弟子でアメリカに移住した建築家アルバート・フライ（一九〇四―二〇〇〇）は、ニューヨークにアルミニウムを主構造とする住宅アルミネア（一九三一）［図35］をつくっているが、これはル・コルビュジエが提唱した「近代建築の五原則」をそのまま踏襲したものでダイマキシオン・ハウスとは対照的なデザインである。この住宅はアルミニウムという素材（第一層）を近代建築のスタイル（第四層）に当てはめたものだからである。

バウハウスがアメリカにもたらしたインターナショナル・スタイル（国際様式）

13　マーティン・ポーリー著、渡辺武信＋相田武文訳『バックミンスター・フラー』鹿島出版会、一九九四年について、フラーはこう評している。これはモダニズムの建築における技術と表現との乖離を鋭く抉り出している。

バウハウスの革新者たちによってアメリカにもたらされた「国際様式」は、構造力学や化学の科学的基礎知識の必要もなく流行の移植を誇示した。したがって国際様式の「単純化」というのは、表面的なものにすぎなかった。そ

図35　アルバート・フライ「アルミネア」1931年

れはきのうの外面装飾をひきはがし、その代わりに、捨てられたボザールに外飾を可能にさせたのと同様の近代的合金の隠れた構造的要素によってつくりあげられた疑似——単純性という儀式ばった新奇の衣をまとわせただけのことであった。それは結局ひとつのヨーロッパ服であった。(中略)バウハウスも国際様式も標準の配管設備を使用し、思い切ってやったことといえば、管の把手や栓の表面とか、タイルの色、サイズ、配管を変えるよう製造業者にすすめたぐらいであった。国際的バウハウスは配管を見るために壁の内側を調べたことはなかった。(中略)かれらは衛生設備それ自身の全体的問題を探求したことなどなかった。(中略)要するに、かれらは最終製品の表面上の変様の問題を見ているだけのことだった。ところがこの最終製品というのは、本来、技術的に遅れた世界の補助機能にすぎないものだったのである。[14]

フラーのヴィジョンは科学とそれにもとづく技術によって世界を変えることだった。したがって彼の興味は建築にかぎらず技術の生産物すべてに及んだ。彼は航空機の技術を応用したダイマキシオン・カー(一九三三)[図36]を発明しシカゴ万博に出品したが、その性能の高さにもかかわらず、技術的な問題から生じた事故によって開発は失敗に終わった。第二次大戦中にフラーはダイマキシオン展開

図36 バックミンスター・フラー「ダイマキシオン・カー」一九三三年

型ユニット（DDU、一九四〇―四一）［図37］を開発している。これは波形鉄板を円形に加工して大量生産された穀物貯蔵庫を住宅に転用した住宅で、戦時中の緊急宿舎として大量に使用された。終戦後にフラーは戦時中の航空機産業の技術転換として住宅産業を提案し、航空機技術を応用したダイマキシオン居住装置（ウィチタ・ハウス[15]、一九四五）［図38］を開発している。これは既存の住宅概念とはまったくかけ離れた革命的な工業化住宅だった。マーティン・ポーリーはそれをこう紹介している。

この住宅の二重曲率をもって輝く円屋根は、組み立て用の仮支柱から吊り下げられた自転車の車輪のような張力構造の骨組みの上に、上から下に向かって葺かれていき、その頂点には気流で回転する換気装置が取り付けられる。（中略）「ウィチタ」ハウスはDDUの二倍の直径を持ち、外観や細部の納まりはDDUよりはるかに優雅な流線型をしている。「イプキヌカボ」の繊維の断熱材を充填したジュラルミンと有機ガラスからなる被膜は、暖冷房された床面積一〇〇〇平方フィートを超える空間を覆っている。波形金属板を断熱層で覆い、室内側を木材で仕上げた床には、一八年前の「4-D」特許住宅の原型のために提案された風変わりな床組の名残を思わせる点がある。この住宅はさらに住み手のために、エア・フィルター付きの自然換気装置、電動

14　『第一機械時代の理論とデザイン』（レイナー・バンハム著、石原達二＋増成隆士訳、原広司校閲、鹿島出版会、一九七六年）掲載

15　この住宅を製作したビーチ・エアクラフト社の工場があったウィチタから命名された。

図37　バックミンスター・フラー「ダイマキシオン展開型ユニット（DDU）」一九四一年

の車付き食器棚、移動可能な間仕切り、コンセントにつなぐだけで使えるセントラル・クリーナー、ぴったりと作り付けられた厨房、二つの寝室、中央の荷重を受けるコアに仕込まれた二つの「ダイマキシオン・バスルーム」を備えている。「ウィチタ」ハウスは、カーペットの敷き込み、タイル張り、内部の塗装や家具の作り付けなどの仕上げを施したあとでも三五〇〇キログラム以下の重さしかなく、ビーチ・エアクラフト社の積算係が見積もって部品生産価格は一戸当たり一八〇〇ドルにしかならない。この住宅の一戸分の部品セットは、繰り返し使用できるステンレス製の輸送コンテナーに納まり、それはトラックやDC-4輸送機に積み込んで世界の至るところに運べる。一つ一つの部品はどれも五キログラム以下なので、現場に到着した部品は六人のチームが一日で組み立てられ、もっと時間をかければトラックの運転手一人だけでも組み立てられる。もっとも驚異的なのは、同規模の従来型住宅が少なくとも一二〇〇〇ドルしていた頃、「ウィチタ」ハウスの敷地の基礎作りと組立費込みの小売価格が、アメリカ国内ならどこでも六五〇〇ドルにしかならなかったことだ。[16]

この住宅において初めてエネルギー技術（第二層）が取り上げられたことは注目されてよい。この住宅がサステイナブル（持続可能な）デザインのパイオニアだ

図38　バックミンスター・フラー「ダイマキシオン居住装置（ウィチタ・ハウス）」一九四五年

16　前掲注13

といわれるのは、その点においてである。しかしこれほど革命的な住宅ではあったが、開発は最終的に頓挫した。フラーはこの住宅の開発、生産、販売のために会社を設立し、実際に三万七〇〇〇戸あまりの注文があったにもかかわらず、さらなる改良を主張し、本格的な生産を承認しなかったからである。しかしながら現在においても、技術革新と工業化を住宅産業に適用した点において、この住宅を超えるような試みは出現していない。

エフェメラリゼーション

第二次大戦後のフラーの活動範囲は建築から大きくはみ出していくが、彼の活動がもっともめざましく展開したのはフラー・ドームの開発においてである。その集大成ともいえるのがモントリオール万博アメリカ館（一九六七）［図39］である。これはスチール製の星形テンシグリティ（完全張力構造）トラスによって構成した直径七六メートルのドームに透明なアクリルをはめ込んだ単純明快なパヴィリオンで、これは彼が生涯を通じて主張した「最小限の構造体で最大限の空間を包み込む」技術を世界中に知らしめた。こうしたフラーの主張は「エフェメラリゼーション の原理」に集約されるだろう。エフェメラルとは「蜉蝣《かげろう》のような」という意味である。マーティン・ポーリーはそれをこう定義している。

図39　バックミンスター・フラー「モントリオール万博アメリカ館」一九六七年

それ（エフェメラリゼーションの原理）によれば、より少ないものから、より多くのものを得る工夫の積み重ねは、一つの機能を他の機能に組み入れて統合していき、その結果として、それはついには蜘蛛の糸のように繊細で、しかも鋼鉄のように強靱な多機能のドームが、これまで建築、建設、美学というように分離されていた「文化」にとって変わるような現象が起こるのである。[17]

エフェメラリゼーションの原理とは、技術革新を通じた機能の集積化と軽量化によって、最終的に技術、機能、表現、すなわち「建築の四層構造」が一体化されるというヴィジョンである。それは非物質化の歴史的潮流とも連動している。つまるところそれは技術の追求が結果的に機能と表現を生み出すという主張であり、表現の自立性を認めないがゆえに建築家にはほとんど受け入れられなかった。しかし技術の進展が建築を変えるというモダニズムの教義を極限まで推し進めてみせた点において、フラーの「デザイン科学」とエフェメラリゼーションの原理は古典的な建築概念を引きずりつづけたモダニズム・デザインに対する強烈な批判になっていることは確かである。こうしたフラーの思想はポストモダニズムが勃興する一九七〇年代にはまったく省みられることがなかった。しかし一九八〇年代以降になると技術的表現を追求するハイテック建築によって再評価され、さ

17 前掲書

図40　ニコラス・グリムショウ「エデン・プロジェクト」2001年

らにその展開型であるエコテック建築やサステイナブル・デザインへと受け継がれていくことになる。ニコラス・グリムショウが設計し、英国・コーンウォールに建設された「エデン・プロジェクト」[図40]はフラーのヴィジョンを現代の技術によって実現したプロジェクトといえるだろう。

ジャン・プルーヴェとコンラッド・ワックスマン

フラーのようにリアルな技術から建築にアプローチするエンジニアがヨーロッパにいなかったわけではない。ジャン・プルーヴェ（一九〇一―八四）は自分の工場を持ち、デザインと試作とを絶えずフィードバックすることによって、家具から建築に至るまで金属を用いたさまざまな実験的試みを展開した。彼が第二次大戦前にパリ郊外のクリシーに建てた人民の家（一九三九）では、世界で初めて外壁に鋼板製の複合断熱パネルが使われている［図41］。ル・コルビュジエとも親交があり、彼の仕事に対しても構法的なアドバイスを与えていた。プルーヴェは一九三〇年代に軽量鉄骨や鋼板を使った軽量で短期に建設が可能なプレファブ建築バティマン・ド・ラ・ゲール（戦時の建築）［図42］を開発したが、これは当時ル・コルビュジエのアトリエにいた坂倉準三を通じて戦後の日本における建築の工業化に大きな影響を与えた。プルーヴェはモダニズムの潮流に直接身を投じたわけではないが、軽量構造の可能性を追求することを通じて建築の生産面からモダニズム・デザインをバックアップし建築の工業化への道を開いた。新しいデザインはつねに試作によって検証されるべきであるという彼のデザイン思想は高度成長期の大量生産・大量消費の時代には馴染まなかったが、二一世紀の多品種・少量生産の時代には再び見直されることになるだろう。一九八〇年代のハイテック建築の嚆矢となったレンゾ・ピアノとリチャード・ロジャースのポンピドゥー・センター（一九七七）［第五章図6］はプルーヴェが国際コンペ審査委員長として当選させた建築であることは記憶されてよい。

　コンラッド・ワックスマン（一九〇一―八〇）はドイツのバウハウスでの経験

図42　ジャン・プルーヴェ「バティマン・ド・ラ・ゲール」一九三九年

図 41　ジャン・プルーヴェ「人民の家」1939 年、断熱パネル

にもとづいて、モデュラー・システムの開発や工業化理論の建築への導入に貢献した。彼が米空軍の依頼で開発した格納庫システム（一九五三）［図43］は、工業化された規格部材をモデュラー・コーディネートされたユニヴァーサル・ジョイント（自在継手）によって接合することにより巨大な空間を覆うシステムであり、後に世界中で展開される部品システム建築の先駆的な試みである。

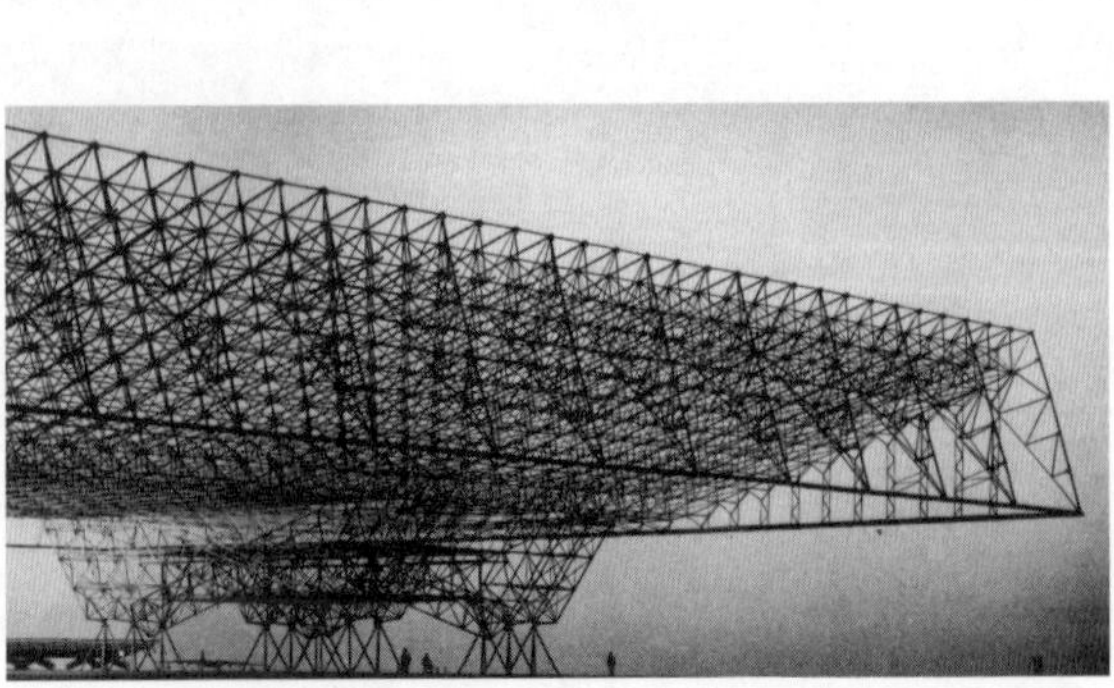

図43　コンラッド・ワックスマン「格納庫システム」一九五三年

第四章　盛期モダニズム――技術の世界化

第二次大戦後の世界的な高度成長期には、戦前のモダニズム建築運動の試みが世界的に浸透し、多様な展開を見せる。それを一言でいえば「工業化とシステム化」である。モダニズムの世界化を先導したのはいうまでもなくアメリカである。ヨーロッパは戦地だったために戦後の復興に時間がかかった。イギリスは直接戦場にはならなかったが、戦後ほとんどの植民地で独立運動が生じ、その収拾にエネルギーを割かねばならなかった。戦勝国の中でアメリカだけが国土に直接の被害を受けなかったために戦後復興のための需要がアメリカに集中し、急速な経済成長を遂げたのである。

スカイ・スクレーパー

スカイ・スクレーパーは一九世紀末のシカゴに端を発し、第一次世界大戦後の一九二〇年代からニューヨークを中心として建設ラッシュが始まる。スカイ・スクレーパーの建設を支えたのは鉄骨構造、エレベーター、空調設備の三つの技術である。初期のスカイ・スクレーパーでは古典的な建築に見せるために鉄骨のフレームはさまざまな装飾によって覆われていた。初めて鉄骨フレームらしさを表現したのは、第二次大戦後に建てられたミースのレイクショアドライブ・アパート［第三章図30］である。しかしその後のスカイ・スクレーパーの展開を見ると、耐火性や耐候性の問題から鉄骨の主構造は隠ぺいされ、外装のカーテンウォールが表現を決定づけるようになる。ミースは最後まで構造とカーテンウォールの関係に固執しつづけたが、それは先にも紹介したように、鉄骨フレームの合理性からくるものではなく、鉄骨フレームを古典的な美学に関係づけるためであった。その後世界中に広まったスカイ・スクレーパーでは鉄骨の構造フレームはもはや表現とはほとんど無関係になっていく。鉄骨構造が再びスカイ・スクレーパーの表現を決定づけるようになるのは、後に紹介する一九八〇年代のハイテック建築においてである。

モダニズムのアメリカ化

スカイ・スクレーパーだけでなく、ミースのIITキャンパス（一九四六—五六）やファンズワース邸（一九五一）はアメリカの建築に大きな影響を与え数多くの鉄骨建築を生み出した。第二次大戦後には高度経済成長による設備投資の増加に呼応して、ミースの直接の教え子たちであるスキッドモア・オウイングス&メリル（SOM）やチャールズ・F・マーフィをはじめとする多くの建築家たちが鉄骨構造の工場、研究所、事務所ビルを手がけている。ミース的なスチールフレームのデザインをアメリカ化し大衆化するうえで大きく寄与したのは後に紹介するケース・スタディ・ハウス・プログラム（一九四五—六六）であり、これも西海岸一帯の鉄骨構造の工場やオフィスビルの普及に大きな影響を与えた。

戦後の多くの鉄骨建築のなかでも特筆すべき建築は、エーロ・サーリネン（一九一〇―六一）が設計したディア・カンパニー本社ビル（一九六三）［図1］だろう。サーリネンはミースから直接の影響を受けているわけではないが、彼の父エリエル・サーリネンはフィンランドから移住した建築家であり、エーロ自身はヨーロッパに留学してモダニズムの洗礼を受けている。さらに彼は父が創立したクランブルック美術学校において後にケース・スタディ・ハウス（一九四九）を設計するチャールズ・イームズと共同で教鞭をとっている。ディア・カンパニー本社ビルのデザインを決定づけているのは構造体、ルーバー、カーテンウォールなど内外部に一貫して使用されているコルテン鋼であり、コルテン鋼は表面の赤錆が安定した被膜をつくるため素地のままの仕上げが可能である。この建築は初めて鉄を素地仕上げで使用しているだけでなく、I型鋼をはじめとする線材によるデザインが日本建築を連想させる点でも話題を呼んだ。サーリネンはこの建築の設計中に日本を訪れているので単なる偶然とはいえないが、後にも述べるようにモダニズム・デザインが日本に導入される際に、ヨーロッパにおけるような反発や軋轢がそれほど生じなかったのは、モダニズム・デザインと伝統的な日本建築とのこうした類似性に一因があったのかもしれない。

サーリネンは若くして亡くなったが、彼の死後、弟子のケヴィン・ローチやシーザ・ペリも多くのすぐれた鉄骨建築を設計している。ケヴィン・ローチがエンジ

図1　エーロ・サーリネン「ディア・カンパニー本社ビル」一九六三年

図2　ケヴィン・ローチ+ジョン・ディンケルー「フォード財団ビル」1968年

ニアのジョン・ディンケルーと共同で設計したニューヨークのフォード財団ビル（一九六八）［図2］は鉄骨構造によるアトリウム空間の先駆といえよう。ローチとディンケルーはディア・カンパニー本社ビル西棟（一九七六）も手がけ、本棟と同じく主構造にコルテン鋼を用いてアトリウム空間を取り込んだオフィスを実現している。一九七〇年代以降になると世界中のショッピングセンターやオフィスビルに鉄骨構造のアトリウムやウィンター・ガーデンが建てられるようになるが、この現象はどこか一九世紀後半における鉄骨構造のパッサージュやデパートの出現に似ている。西海岸で活動したクレイグ・エルウッド（一九二二―九二）も鉄骨構造の優れた建築を数多く残しており、SDS社工場棟（一九六八）［図3］は代表的な作品である。軽量鉄骨のラチストラス屋根と工場生産したパネルを組み合わせたシステマティックで軽快なデザインは、後の鉄骨建築にも大きな影響を及ぼしている。同じような考え方で彼は次に紹介するケース・スタディ・ハウス・プログラムにも参加している。

ケース・スタディ・ハウス

住宅においてはアメリカ西海岸で興味深い試みが展開された。一九四五年にロサンジェルスで創刊された建築雑誌『アーツ&アーキテクチュア』[1]が企画したケース・スタディ・ハウス・プログラム（一九四五―六六）である。これはその編集

1 *Arts & Architecture*, 1929-1967.

長であるジョン・エンテンザが発案した企画で同誌がクライアント、建築家、メーカーの三者を結びつけ、計画時点から完成までをこの誌上で発表するというプログラムである。エンテンザの狙いはモダニズム・デザインを通じて低コストで実験的な住宅のプロトタイプを開発することにあった。プログラムは一九四五年にはじまり一九六六年に終わるまでに多くの計画案を発表し三六戸の住宅を実現させている。そのなかでも注目すべき作品はチャールズ&レイ・イームズ、クレイ

図3 クレイグ・エルウッド「SDS社工場棟」1968年

グ・エルウッド、ピエール・コーニッグ、ラファエル・ソリアーノといった建築家たちがデザインした住宅で、いずれも鉄骨フレーム構造を採用しインターナショナル・スタイル（国際様式）とりわけミースの住宅をモデルとしてデザインされている。中でももっとも有名な住宅はチャールズ&レイ・イームズがデザインしたケース・スタディ・ハウス#8（イームズ邸、一九四九）［図4］である。この住宅についてロサンジェルス現代美術館のキュレーターであるエリザベス・A・T・スミスはこう紹介している。

このイームズ邸はプログラムの中でも最も重要な実験のひとつであり、今日も住宅建築の記念碑的存在として広く知られる。このプロジェクトは当初チャールズ・イームズとエーロ・サーリネンの共同設計としてスタートしており、そのデザインはミース的色合いの濃いもの――橋のごとき明快な鉄骨フレーム構成で丘状の敷地から突き出した形態――となっていた。だがその後敷地が買い足され、イームズは現地に鉄骨が搬入された一九四八年に七・五フィート×二〇フィートスパンの二階建て住宅へと計画を変更している。（中略）このイームズ邸は空間をフレームで囲い込むという手法だけでなく、その幾何学的構成、多様な素材、鮮やかな色彩のバランスよい配置によってユニークかつ斬新な全体構成をとっている。外部には構造的必要性と視覚的

図4　チャールズ&レイ・イームズ「ケース・スタディ・ハウス #8（イームズ邸）」1949年

効果という二重の意味を持つブレースが対角線上に張られ、壁は不透明ガラス、透明ガラス、アスベスト、セメント・ボード、木製パネルなど色とりどりの材料が使用されている。また、内部には読書、談話、食事、就寝に供する空間がバランスよく配置され、居心地の良いドラマチックで開放的な空間を生み出すための周到な配慮がなされている[2]。

モダニズム・デザインを踏襲しているとはいえ、一連のケース・スタディ・ハウス、そのなかでもイームズ邸にはモダニズム・デザイン

2　岸和郎+植田実監修『ケース・スタディ・ハウス——プロトタイプ住宅の試み』住まいの図書館出版局、一九九七年

とははっきりした相違がある。その相違はイームズ邸よりも後に完成したミースのファンズワース邸（一九五一）［補論2図19］と比較してみればよくわかる。両者の違いは先にミースの建築に関してコーリン・ロウが指摘したように、鉄骨フレームがアメリカでは「事実としてのフレーム」としてとらえられ、ヨーロッパでは「観念としてのフレーム」としてとらえられた（九七頁参照）という違いに類似している。あるいはバックミンスター・フラーによるモダニズム・デザインの技術のとらえ方に対する批判とも関連している。その相違を建築の四層構造に則して検討してみよう。

イームズ邸の四層構造

まずイームズ邸に使われている材料（第一層）は鉄骨フレームをはじめとして当時の建築材料カタログから選択された既製の工業製品ばかりだといわれている。鉄骨フレームは最小限の材料で最大限の空間を覆うためにかぎりなく軽量化されており、ファンズワース邸の古典的で重厚な鉄骨フレームとは対照的である。さらに既製品やありふれた材料を多様に使い分ける方法は、モダニズム・デザインのように単純で切りつめた材料の使い方とは材料に対する感覚がまったく異なっている。イームズは鉄骨やガラスといった特定の材料や部品に対する過度な思い入れがなく適材適所に材料を使い分けている。コーリン・ロウに倣っていえば、

図5 「ケース・スタディ・ハウス #8（イームズ邸）」

モダニズム・デザインの材料と部品は「観念としての材料と部品」であるのに対して、イームズ邸のそれは工業化され一般に普及した「事実としての材料と部品」なのである。

エネルギー条件（第二層）に関しては、イームズ邸がカリフォルニアの温暖な気候のなかに建てられていることを忘れてはならないだろう。モダニズム・デザインが生まれたヨーロッパや、それを引き継いだアメリカ東海岸の寒冷な気候に比べれば、年間を通じて平均気温が一八度前後のロサンジェルスの温暖な気候はケース・スタディ・ハウスのような軽快で開放的な住宅を可能にする決定的な条件といえよう。モダニズム・デザインが観念的であるひとつの要因は、寒冷な気候の中で開放的な空間をめざすことが、ヨーロッパの伝統的な慣習・制度・美学に対するアンチテーゼを意味していたからだと思われる。ケース・スタディ・ハウスのように建築が温暖な気候に過不足なく適合するとき、モダニズム・デザインのような批評性が失われる一因はそのあたりにある。なぜならそもそも建築が気候＝自然に対峙する必要がないからだ。ただしこの住宅の自然との関係において唯一注目すべき点がある。それは建物の西面に沿って平行に植樹されているユーカリの樹列である。この住宅は西向きの緩やかな斜面の等高線に沿って南北に細長く建てられ、西側の彼方には太平洋の壮大な風景が広がっている。しかしユーカリの樹列のスクリーンに遮られて室内から太平洋の景色を臨むことはできない。二階の浴室の西面も透明な窓ではなく半透明のスクリーンになっている。なぜだろうか。その理由はこの住宅の唯一の弱点が西日対策にあるからである。太平洋に沈む夏の夕日はこの住宅の西面に大きな熱負荷を与える。ユーカリの樹列は強烈な夏の西日を制御するために植えられているのである。

同じようなことはライフ・スタイル（第三層）についてもいえるだろう。ロサンジェルスのある西海岸一帯は温暖な気候と北アメリカ大陸の西端にあるという点で、アメリカ人にとっては実質的にも文化的にも、もっとも自由で開放的なライフ・スタイルをイメージさせる地域である。ケース・スタディ・ハウスはそうした戦後アメリカの中流階級が理想とするライフ・スタイルのイメージをストレートに反映している。とりわけイームズ邸に特徴的なライフ・スタイルの美学、すなわちランドスケープ、建築、インテリア、家具、植物、什器といった生活環境を構成する要素にまったく序列をつけることなく、すべてを等価に見る視線はイームズ夫妻独自のものだといってよい。それは工業部品によってつくられた人工環境と自然環境とが渾然一体となった新しい生活像を先取りしている点において、モダニズム・デザインの成熟した形態としてとらえることができるだろう。しかしそれは実際のところカリフォルニアのような気候においてでしか実現できない形態である。

最後に、こうしたさまざまな条件の相乗効果によって、イームズ邸の空間（第四層）は非物質化の極限にまで進んでいる。建築は皮膜のような軽い壁によって内外を仕切り、衣服のように柔らかく生活にフィットしている。それはフラーのダイマキシオン居住装置でさえ観念的に見えてしまうほど、リアルでカジュアルな非物質化を達成しているといってよい。

以上のようなイームズ邸の歴史的意義について、レイナー・バンハムはそれまでの「近代建築の捉え方」と比較しながら次のように指摘している。

この（イームズ邸における）「近代建築の捉え方」とは、すなわち近代その他の時代における建築の「真理」が必ずしも家具やプロダクト・デザインのそれと同じ位相にあるとはいい難いとする見方、あるいはその時代における文化の存在意義を裏切ることなく両義的さらには多義的な審美眼が形成されうるとの見方に支えられたものである。当然、これは「それぞれの時代における支配的な様式は単一なものである」という思考――ギーディオンのような強い意志を持った歴史家のみならずロンドンの現代美術研究所の知的権威ハーバート・リードまでもが紳士的だがきっぱりと説く思考――に真っ向から反対するものである。[3]

ケース・スタディ・ハウスにおける成熟したモダニズム・デザインは鉄骨建築の普及に大きく寄与した。その影響は現代にまで及んでいるが、その経路は大きく二つの傾向に分けることができるだろう。ひとつは建築生産の工業化とシステム化（第一、二層）であり、もうひとつはモダニズム・デザインの大衆化・ポップ化（第三、四層）である。

工業化とシステム化

既製の工業部品を組み合わせて建築をつくるイームズ邸の方法は先に紹介したクレイグ・エルウッドやシーザ・ペリらによって引き継がれ、西海岸一帯の工場や

3 「明快さ、誠実さ、統一性あるいはウィット：世界的視点から見たケース・スタディ・ハウス」前掲注2所収

4 一九六〇年にイギリスで開発された学校建築の建設システム。Consorium of Local Authorities Special program の略。

オフィス建築のプロトタイプとなっていく。そうした中でこの方法をもっともシステマティックに展開してみせたのが、エズラ・エーレンクランツの設計によりパロ・アルトのスタンフォード大学キャンパスに建設された学校建築のプロトタイプSCSD（School Construction Systems Development、一九六二）[図6]である。これは戦後のベビーブームによるカリキュラムの急激な変化に対してフレキシブルに対応できる学校建築のシステムを開発するプロジェクトであり、終戦直後にイギリスにおいて開発された学校建築システム化プロジェクト[4]CLASPのコンセプトを引き継ぎながら、それをさらに発展させ実用化したシステムである。正方形グリッド状に均等に配列した鉄骨柱に平坦な鉄骨ラチストラスを架け渡し、ラチストラスの下端に天井が張られている。モデュラー・コーディネートされた各種の外壁と間仕切りパネルは、天井のシステムにしたがって自由に配置することができる。空調や電気設備類は天井裏のラチストラス・ゾーンに均等に組み込まれており、どの位置に間仕切りが置かれても設備的に対応できるようになっている。この建築で採用されたローコストで合理的なシステムズ・アプローチは大きな成功を収め、アメリカ全土のみならずヨーロッパの建築にも影響を与えた。SCSDはいわゆるシステム建築のプロトタイプとなり、一九六〇年代以降そのコンセプトは日本にも大きな影響を与えるようになる。システム建築とは工業生産化された部品をシステマティックに組み立てることによって建設される建築の

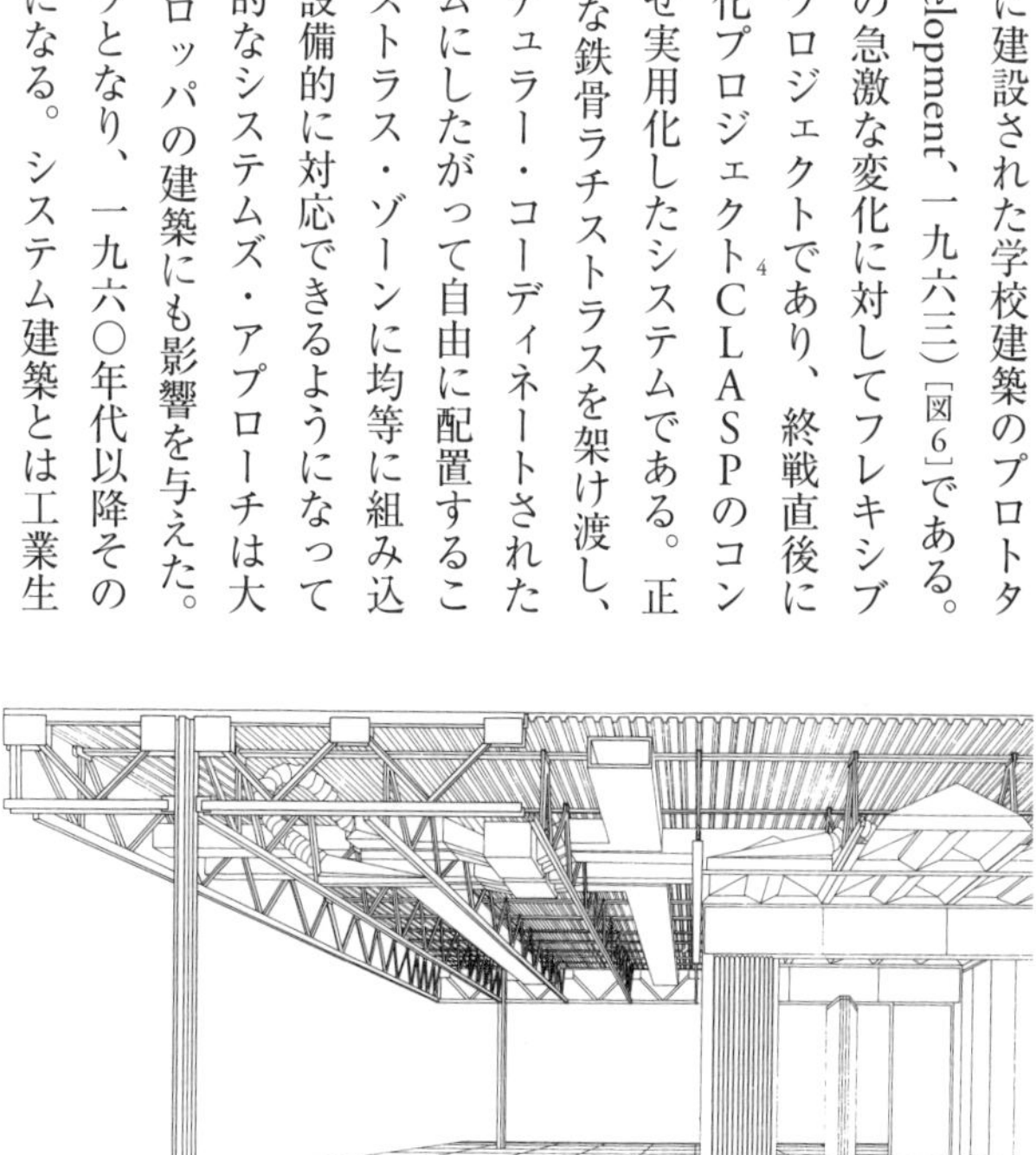

図6　エズラ・エーレンクランツ「SCSD（School Construction Systems Development）」一九六二年

ことである。工業化とシステム化がいわゆる商品化住宅を生み出したことはいうまでもないが、イームズハウスについても述べたように、工業化とシステム化は、単に建築のつくり方(第一層)だけの問題ではない。それは当然ながらエネルギー(第二層)、使い方や住まい方（第三層)、建築的表現（第四層）に結びついている。その意味で構法の開発は建築の四層構造によって総合的にとらえる必要がある。

後にハイテック建築の潮流を先導するセドリック・プライス、ノーマン・フォスター、リチャード・ロジャース、レンゾ・ピアノ、マイケル・ホプキンスといった建築家たち、あるいは日本のメタボリズムの建築家たちも、こうしたシステムズ・アプローチを引き継ぎ、自分たちの独自のデザイン方法へと展開している。

大衆化とポップ化

ミースの建築に特徴的なヨーロッパ流の厳格で古典的なデザインと、イームズ邸に代表されるアメリカ流の軽快で機知に富んだデザインを統合させようと試みたのが、イギリスの建築家ピーター&アリソン・スミソン夫妻である。スミソン夫妻がコンペで勝ち取ったハンスタントンの中学校（一九五四）[図7]はそうした試みの代表的な例といえよう。この建築の主構造は鉄骨フレームで、外壁や間仕切りにはレンガや木材など安価な材料が使用され、構造体や仕上げ材料はすべて表現されている。スミソン夫妻がめざしたのはモダニズム・デザインに見られる

図7　ピーター&アリソン・スミソン「ハンスタントンの中学校」一九五四年

ヒロイックな表現を換骨奪胎することによって、モダニズムの建築言語を日常生活の容器としての建築に適用することだった。スミソン夫妻にとってアメリカはモダニズムが一般の人々の日常生活にまで浸透した世界を表していた。イームズ邸はそうした態度をもっとも典型的に示した建築だったわけである。彼らはイームズ邸を「なにかしらくつろげる気取りのない近代主義の崇拝対象」（レイナー・バンハム『ケース・スタディ・ハウス』）と呼んでいる。

モダニズム・デザインの大衆化・ポップ化は、一方でル・コルビュジエ流の荒々しいコンクリート打ち放し仕上げや安価な材料による表現へと向かったが、他方ではケース・スタディ・ハウスのような鉄骨構造の軽快で透明な空間へと向かった。両者を併せ持った建築家の代表がイギリスのジェームズ・スターリング（一九二六―九二）である。彼が設計したレスター大学工学部棟（一九六四）[図8]やケンブリッジ大学歴史学図書館（一九六七）[図9]は、モダニズム建築の建築言語を産業革命以来のイギリスのヴァナキュラーな構法によって実現した挑戦的な建築であり、鉄骨構造の軽快さと透明性が鉄筋コンクートの主構造と対比的に表現されている。スターリングの建築にはロシア・アヴァンギャルドの建築を連想させるようなダイナミックな造形をみることもできる。

モダニズムの大衆化・ポップ化は建築にかぎらず一九六〇年代の文化全般に見られた。たとえばポップアートはそうした傾向をアートに持ち込んだ運動である。

図 8　ジェームズ・スターリング「レスター大学工学部棟」1964 年

図 9　ジェームズ・スターリング「ケンブリッジ大学歴史学図書館」1967 年

ポップ化の動きの建築版がイギリスのアーキグラムであり、彼らのプロジェクトが鉄骨構造を前提にしていたことは明らかである。そしてアーキグラムのヴィジョンを実現してみせたのがリチャード・ロジャースとレンゾ・ピアノによるポンピドゥー・センター（一九七七）［第五章図6］であることはいうまでもないだろう。この建築が一九八〇年代に世界的に展開するハイテック・スタイル建築の嚆矢となったのである。

日本の初期鉄骨建築

日本が西欧に門戸を開いた開国（一八五一）と明治維新（一八六八）の頃は、先にも紹介したようにヨーロッパにおいて鉄骨構造が本格的に展開し始めた時期に当たる。明治時代以降、日本はヨーロッパやアメリカの技術・文化を一気に輸入し、建築も急速に近代化・西洋化していく。富国強兵政策や日清・日露戦争を通じて鉄骨構造の工場や戦時建築が数多く建てられたが、その技術はほとんど外国からの輸入だった。こうした事情について、建設技術と近代建築との関係を一貫して研究した建築史家の山本学治はこう述べている。

一九世紀末に一応の段階に達した、標準化された圧延型鋼と鋲接（リベット接合）に基づく鉄骨構造は、明治・大正にかけて日本にも導入された。日本に最初にたてられた鉄骨建築は東京の秀英社印刷工場（一八九五＝明治二八）であった。これは薄肉の鋼パイプ柱を芯とする煉瓦壁体に、同じく山形鋼とプレートを鋲接したI梁を架した三階建のもので、材料はフランスから輸入、設計は造船技師・若宮好吉の手になった。これ以後、三井銀行（一九〇二＝明治三五、横河民輔設計）、横浜正金銀行（一九〇四＝明治三七、妻木頼黄設計）、旧国技館（一九〇九＝明治四二、辰野金吾設計）［図10］、日本橋丸善（一九〇九＝明治四二、佐野利器設計）、帝国劇場（一九一一＝明治四四、横河民輔設計）、……のように、当時の代表的建築家が、この新しい材料を煉瓦造や石造と併用した例が続く一方、八幡製作所（一九〇一＝明治三四）［図11］をはじめとする多くの工場や兵器廠が鉄骨でつくられていた。こうした事例においては、その材料も構造設計も、ほとんどすべてがアメリカやドイツやフランスからの直輸入であった。

また清水釘吉が一九〇二年渡米の際、当時シカゴの鉄骨構造の指導者のひとりであったD. H. Burnhamから新しい技術を学んで帰国したり、佐野利器が一九〇三年に東京帝国大学に鉄骨構造の講座を開くなど、日本における技術的研究もだんだんと進んできた。

大正期に入り、東京中央停車場（一九一四＝大正三、辰野・葛西設計）［図12］、三越呉服店（一九一四、横河民輔設計）など、多くの大規模な鉄骨建築が完成され、さらにシカゴに成立していた剛接架構とカーテンウォールの事務所建築方式が輸入されて、東京海上火災ビル（一九一八＝大正七、曽禰・中条設計）や旧丸ビル（一九二三＝大正一二、三菱地所設計）が建つにいたって、日本における鉄骨構造技術もいちおう根を下ろしたということができよう。[5]

しかしながらこれらの建築においては鉄骨構造の特性である非物質的な表現の可

5　山本学治著「鉄骨造発達史」『造形と構造と——山本学治建築論集二』鹿島出版会、二〇〇七年

図 10　辰野金吾「旧国技館」1909 年

図 11　「八幡製作所」1901 年

図 12　辰野・葛西事務所「東京中央停車場」1914 年

図 13　「三井本館」1902 年

能性が追求されたわけではない。むしろ逆に一九世紀末のヨーロッパの折衷様式の影響を受けて鉄骨の骨組は完全に様式的な装飾によって覆われ、旧来の重厚な建築がめざされている。鉄骨の使用法も合理的とはいいがたいものだった。たとえば三井本館（一九〇二）［図13］も鉄骨構造で建てられた様式建築であるが、使用された鉄骨量は現代の鉄筋コンクリート造なみの平米当たり一トン余りであったといわれている。

数寄屋と鉄骨構造

日本の鉄骨建築が世界のレベルに追いつくのは、昭和に入って（一九二五年以降）モダニズム運動の直接的な洗礼を受けてからである。日本の近代建築がはじめて世界の注目を浴びたのは、坂倉準三（一九〇一―六九）が設計したパリ万博日本館（一九三七）［図14］においてであり、それはこの建築が鉄骨構造であったことと無関係ではない。坂倉は当時ル・コルビュジエのアトリエでの修業を終えて帰国したばかりで、この建築はル・コルビュジエの下で学んだ近代建築のヴォキャブラリーを用いて「日本的なるもの」を表現したものだった。I型鋼の構造フレームによって達成された繊細で開放的な空間は、近代建築がめざす空間そのものであると同時に、桂離宮を代表とする日本の伝統的な建築を連想させる。すでにブルーノ・タウトらによってヨーロッパのモダニズム建築と日本の伝統建築との類

図14　坂倉準三「パリ万博日本館」一九三七年

図15　坂倉準三「神奈川県立美術館」1937年、ピロティ

似性が指摘されていたが、坂倉の日本館はそれを実際の建築によって証明してみせたのだといってよい。さらに坂倉が終戦後に設計した鎌倉の神奈川県立美術館（一九五一）［図15］はモダニズム建築と日本建築との共通性を決定づけた。この建築もI型鋼の柱とL型鋼のトラス梁による屋根架構を組み合わせた軽量構造によってつくられている。池の上に張り出した箱状の展示空間がI型鋼の細い柱によって支えられた軽快な表現は、明らかに日本の数寄屋建築の代表的な存在である桂離宮の表現そのものである。外装においてもアスベスト・ボードとアルミ押縁による乾式構法の試みが追求さ

れ、モダニズムの工業化と共通したテーマが追求されている。

坂倉の二つの作品は世界に先駆けて建築の非物質化を達成したものだったが、日本ではその後この方向は展開することはなかった。坂倉自身もしばらくは本格的な鉄骨構造の建築を手がけていない。わずかに広瀬謙二（一九二二―二〇一二）のSHシリーズ住宅[図16]や吉武泰水（一九一六―二〇〇三）らの八雲小学校（一九五六）[図17]にその継承を見ることができるが、ほとんどの建築家は鉄骨構造には向かわなかった。それはなぜだろうか。いくつかの要因が考えられるが、まず第一に一九五〇年代には鋼材がまだ高価であったこと、あるいは建築の耐火性に関して鉄骨構造技術が十分に対応できなかったことなど（第一層）が挙げられるだろう。しかしそれ以上に決定的だったのは、伝統的な日本建築に対する日本人のコンプレックス（第四層）だったのではないかと推測する。

明治維新以降、日本は和魂洋才を唱え西洋を模範にして近代化を進めた。同時にそれは江戸時代までの伝統を否定することでもあった。建築においては重厚な西洋建築が範であり、軽快な数寄屋建築はむしろ克服すべき対象だった。一方、ヨーロッパから見れば、日本の数寄屋はモダニズム・デザインとの共通性において再評価すべき対象だった。しかも戦前から戦後にかけての日本は西洋に対し自らのアイデンティティを主張しなければならなかった。そうしたねじれが坂倉の二つの作品となって開花したのではないだろうか。

図16　広瀬謙二「SH-1」一九五三年

しかしながら日本が戦後の復興期を終えて本格的な高度成長に向かう段階で、再び近代化すなわち西洋化への逆転が生じたのである。これは明治維新直後に一時的に日本美術が興隆し、その後西洋美術への転換が生じた経緯に似ている。近代化の初期においては一時的に他者すなわち西洋の自己に対する目がそのまま自己の目として受け入れられる。しかし時が経つにつれて他者の目は内面化され他者への同化が達成されるのである。そのような他者＝西洋の内面化と同化をもっとも見事に成し遂げたのが丹下健三（一九一三―二〇〇五）であることはいうまでもない。丹下は坂倉と同じようにル・コルビュジエを師と仰いだが、一九五〇年代のル・コルビュジエは戦前とは異なり、鉄筋コンクリート造のブルータルな表現に向かっていた。マルセイユのユニテ・ダビタシオン[第三章図23]はその時期の代表作である。丹下はル・コルビュジエに倣い鉄筋コンクリート造によって日本の伝統的なデザインを追求した。一九五〇年代の丹下の一連の仕事によって日本の伝統的建築の軽快で開放的な表現と西洋建築の伝統的な重厚な表現とが統合されたのである。先にも述べたようにヨーロッパのモダニストたちが鉄骨構造の非物質性を古典的様式によって物質化しようとしたのだとすれば、丹下に代表される日本のモダニストたちは日本の伝統的建築の非物質性を物質的な鉄筋コンクリート構造によって実現しようとしたのだといってもよい。その丹下でさえ一時的には半数寄屋的な重厚な表現へと向かったことがある。それは一九五〇年代の

図17　吉武泰水「八雲小学校」一九五六年

図 18　丹下健三「国立代々木競技場」1964 年

図 19　フライ・オットー「ミュンヘン・オリンピック競技場」1972 年

伝統論争における「縄文と弥生」の対比に影響されたものだが、見方を変えればこれは数寄屋的な軽快さと西洋建築的な重厚さとの間の振幅であるとも解すことができる。

丹下の代表作のひとつである国立代々木競技場（一九六四）［図18］では吊材に鋼ケーブルと鉄骨部材を組み合わせた半剛性屋根構造が採用されているが、その表現は伝統的な日本建築を連想させながらも、あくまで重厚でモニュメンタルであり、八年後に建設されたフライ・オットー（一九二五―二〇一五）のミュンヘン・オリンピック競技場（一九七二）［図19］の吊り屋根構造に比較すれば、まったく対照的な表現といってよい。

日本の伝統的な数寄屋建築の軽快で開放的な空間が、再び鉄骨構造と結びつき、ライト・コンストラクションとなって復活するのは、ポストモダニズムが終息しハイテックが勃興する一九八〇年代になってからである。

第五章　ポストモダニズムからハイテックへ——技術の成熟化

六〇年代から大阪万博へ

先にも紹介したように、一九六〇年代におけるメタル建築の展開としては、アメリカではフラー、ミースの弟子たち、システム建築、イギリスではスミソン夫妻、セドリック・プライス、スターリングらの仕事が挙げられる。この時代は社会主義圏を除いて、全世界的に高度経済成長期であり、モダニズム建築が全世界に浸透した時代であった。とりわけ日本ではメタル建築が大きく展開することになった。

この時期の日本では池辺陽（一九二〇―七九）の東京大学鹿児島宇宙観測所（通称鹿児島ロケット打ち上げ場、一九六一―七五）［図1］の一連の建築が注目される。池辺はロケット打ち上げ場という新しいプログラムに対して鉄骨構造によるシステマティックな工業化構法をデザインし、僻地での建設を合理化した。なかでもミュー・ロケットセンター（一九六六）［図2］は鉄骨のスペーストラスとキャスト・アルミニウムのカーテンウォールの組み合わせによってハイテックな表現を生み出している。構造デザインを担当したのは坪井善勝（一九〇七―九〇）であり、この建築において日本ではじめて試みられたスペーストラスは後の一九七〇年大阪万博の大屋根において大きく展開する。

メタボリズムの一員である菊竹清訓（一九二八―二〇一一）も一九六〇年代に

図 1　池辺陽「東京大学鹿児島宇宙観測所」1961-75 年

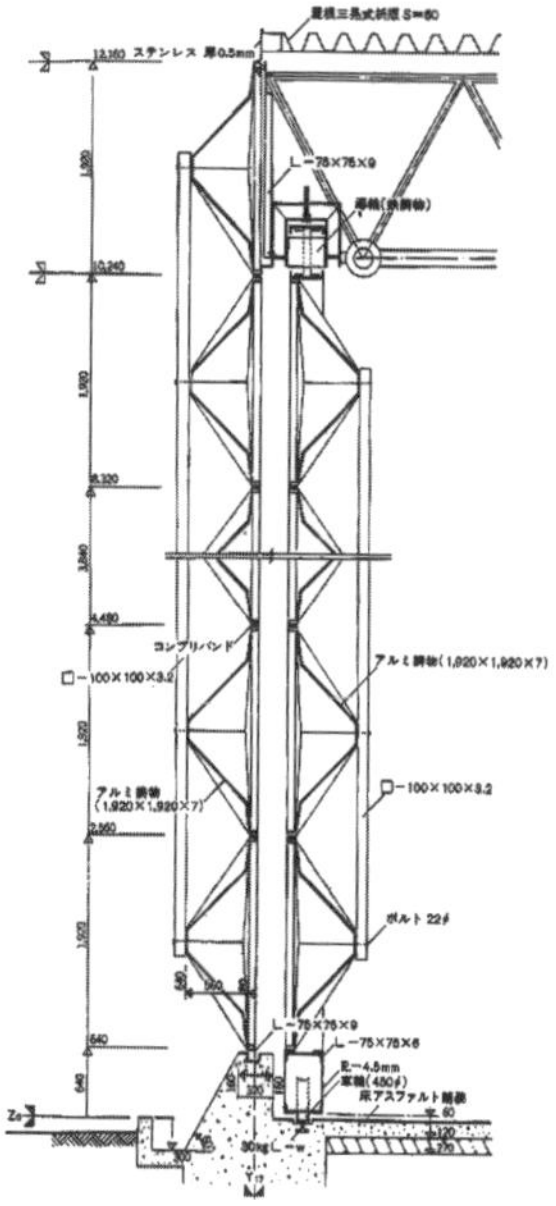

図 2　池辺陽「ミュー・ロケットセンター」1966 年、
キャスト・アルミニウムによる壁パネルユニットのディテール

図3　菊竹清訓「佐渡グランドホテル」1967年

挑戦的な鉄骨建築を展開している。客席の上に巨大な扇状の鉄骨屋根を架けた都城市民会館（一九六六）や橋梁のような鉄骨トラスの内部に客室をはめ込んだ佐渡グランドホテル（一九六七）［図3］などが鉄骨構造のデザインをストレートに表現した代表的な作品だといってよい。日建設計の林昌二（一九二八―二〇一一）によるパレスサイドビル（一九六六）［図4］は主構造は鉄筋コンクリート構造だが、金属によって構成された外装のカーテンウォールやルーバー、雨樋、サッシや、針金状の部品を組み合わせた階段など、鉄骨構造とは異なるメタル建築の可能性を感じさせたデザインである。

一九七〇年に開催された大阪万博は日本の戦後モダニズム運動、すなわち一九六〇年代に展開された丹下健三研究室による一連の都市計画やメタボリズム建築運動の総決算ともいえるイベントだった。展示パヴィリオンは基本的に仮設建築だったからさまざまな新しい種類の鉄骨構造が試みられたが、日本の建築家が手がけたパヴィリオンは依然として重厚で鉄骨構造の軽快さを追求しているとはいいがたかった。そのなかで鉄骨構造の新しい可能性を先取りしていたのは、レンゾ・ピアノによるイタリア館（一九七〇）［図5］である。立体成型した

図4　日建設計（林昌二）「パレスサイドビル」1966年
外装のメタルワーク

FRPパネルとスチール・ケーブルを組み合わせた張弦梁立体構造で、部品はすべてイタリア本国で製作され、現場での工事は六〇日間で完了した。それまでにピアノはプラスチックと金属を組み合わせた構造システムを何度か試みており、同じ考え方はその後も洗練されて最終的にIBM移動展示場（一九八二）[図14]に結晶することになる。

ポンピドゥー・センターからハイテックへ

一九七〇年代になると、戦後の高度経済成長とモダニズムの急速な世界化に対する反動からポストモダニズム運動が勃発する。しかしその間もモダニズムの底流が絶えることはなかった。モダニズムのデザイン思想が再び歴史の先端に躍り出てくるのは一九七〇年代の後半であり、それを決定づけたのがレンゾ・ピアノとリチャード・ロジャースの共同設計によるポンピドゥー・センター[図6]である。先にも紹介したように国際コンペでこの案を選択したのは審査委員長のジャン・プルーヴェである。あらゆる変化に対応できるフレキシブルで開放的な空間をめざしたこの建築は、明らかにアーキグラムやメタボリズムが提唱した建築イメージ（第四層）を参照している。しかし鉄骨構造のシステムに一九世紀の橋梁技術を応用していること、さらに外周フレームを構成するガーブレットと呼ばれる構造部品[図7]が一九世紀に端を発する鋳鋼技術によって製作されていることなど

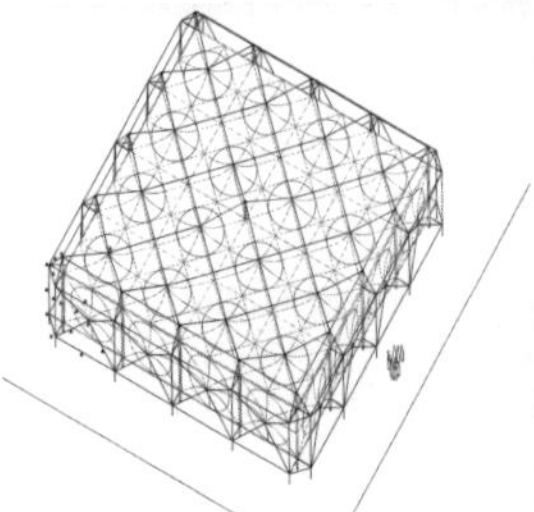

図5　レンゾ・ピアノ「イタリア館」一九七〇年

を考え合わせると、この建築が一九世紀以来の鉄骨技術（第一層）の潜在的な可能性を引き継いでいることも明らかである。これによってヨーロッパの古典的伝統を引き継いだミース的な表現とは異なる、鉄骨建築の新しい可能性が示されたのである。とはいえ現在から振り返ると、構造システム、設備システム、外装システムをすべてメタルで製作しそれをストレートに表現したために、建物全体がヒートブリッジの塊のような建築になっている。したがって時代を画する記憶す

図6　レンゾ・ピアノ+リチャード・ロジャース「ポンピドゥー・センター」1977年

べき建築であることは確かだとはいえ、エネルギー負荷の大きい建築になっていることは銘記すべきであろう。

ポンピドゥー・センターの完成をきっかけにして、その後は構造や設備のシステムをそのまま表現したハイテック・スタイルの建築が勃興する。ハイテック建築にはそれまでの鉄骨建築とは異なるいくつかの特徴が見られる。第一に構造方式においては、それまでの柱梁のフレーム方式ではなく圧縮材と引張材を組み合わせた立体的な構造方式が多用されている点である。さらに部品の工業化・システム化が進み、性能も高度化している。こうした変化の背景にはコンピュータ技術（IT）の急速な進展がある。これによってまず複雑な構造モデルの解析計算が可能になり、ついで加工機械や建設機械にコンピュータ制御が組み込まれることによって部材の加工や組み立ての精度が向上している（第一層）。第二に光、空気、熱といったエネルギー条件が重視されている点である。その結果ハイテック建築では建築の構成要素として構造体やシェルターだけでなく、設備機器や配線・配管といった要素の比重が大きくなっている（第二層）。しかしながらポンピドゥー・センターに代表的に見られるように、この時期には省エネルギー的な条件はまだ注目されていない。第三に空間のフレキシビリティが今まで以上に要求され性能が高度になっている点が挙げられる（第三層）。設備システムがデザインの条件として注目されるようになったのもその結果である。そして第四は構

図 7　「ポンピドゥー・センター」ガーブレット

造や設備などの建築要素がストレートに表現されている点である（第四層）。つまりハイテック建築においては、建築の四層構造がそのまま表現を決定づけているわけである。技術の成熟化を背景にしたハイテック建築の出現によって「機械としての建築」というモダニズムのヴィジョンがはじめて現実化したといえるだろう。しかしながら前述のようにハイテック・スタイルの建築においては、構造システムとエネルギー条件が矛盾している点に大きな問題が残されている。それは次のステップであるエコテック・スタイルによって乗り越えられることになる。

ハイテック・スタイルの興隆

こうしたデザイン思想は基本的にバックミンスター・フラーのヴィジョンを引き継ぐものである。ミース的デザインとハイテック建築との違いの起源はそこにある。ハイテック建築のリーダー的存在であるノーマン・フォスターは実際にフラーに教えを受けたことがあり、共同でいくつかの仕事をしている。フォスターは一九六〇年代には「チーム4」としてロジャースと協働していたから、フォスター、ロジャース、ピアノの間には直接的な交流があったのである。

フォスターはポンピドゥー・センターとほぼ同時期にイギリス・ノーフォークのイースト・アングリア大学キャンパスにセインズベリー視覚芸術センター（一九七八）［図8］を完成させている。この建築はスパン三五メートル、長さ

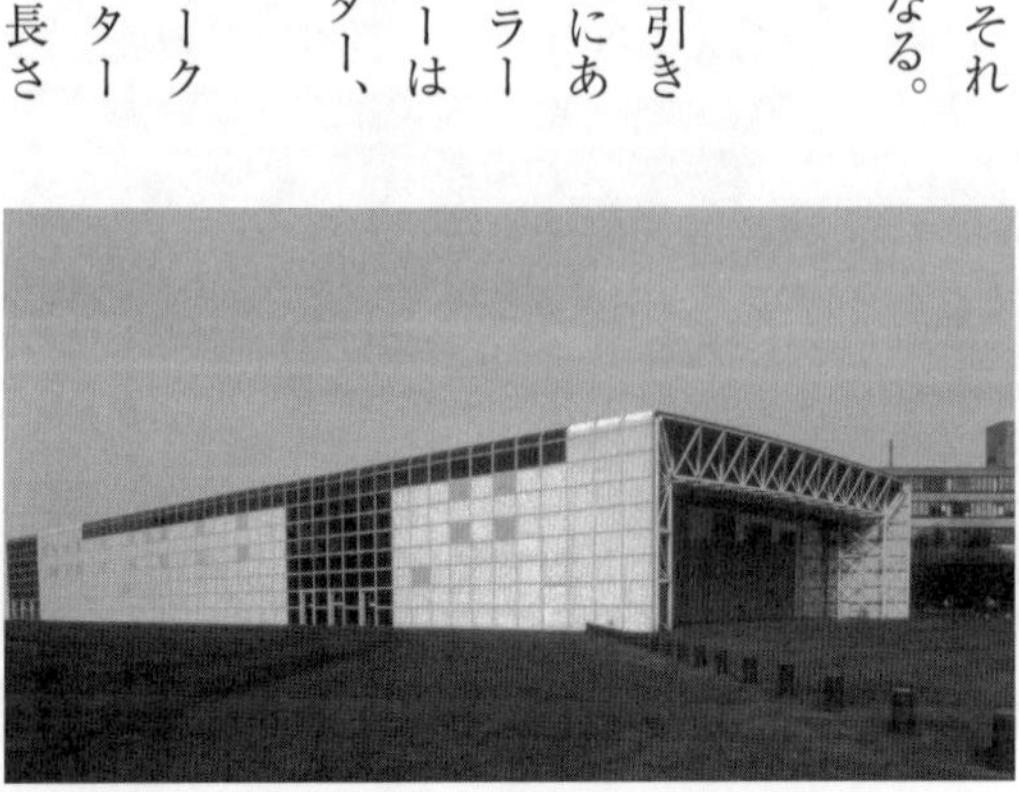

図8　ノーマン・フォスター「セインズベリー視覚芸術センター」一九七八年

一三三メートルの単純な箱型空間を二・四メートル高のスチールパイプの立体トラスで覆い、その中に美術館、研究室、学生食堂、ラウンジといった機能を収めた複合建築である。屋根と側壁は同一サイズのアルミニウム断熱サンドイッチパネル、ガラス開口パネル、換気ガラリパネルをネオプレン・ガスケットによって同一ディテールで納めているので、パネルは簡単に取り換えることができる。両妻壁は全面ガラススクリーンである。屋根と柱のトラス内部はサービス・ゾーンとして使われ、トラスの室内側には光を拡散するアルミルーバーが取り付けられている。本来ならば分節的・序列的に配置されるべき機能がまったく同列・均等に配置され、内部空間全体がルーバーによって拡散された柔らかな光で満たされている点において、ミースがめざしたユニヴァーサル・スペースがミース以上にリアルに実現されている[図9]。この建築においてフォスターは、ミース、フラー、ケース・スタディ・ハウス、SCSDに代表されるシステム建築といったモダニズムの多様な伝統を統合してみせたといってよいだろう。しかしこの建築に用いられた外装のアルミ断熱パネルは、サンドイッチされた高性能発泡断熱材から遊離水が発生したために仕上げのアルミニウム板が腐食し、すべて取り替えられることになった。このため当初のアルマイト波板仕上げアルミニウム板の繊細な表情は失われ、現在では白色のフラットなスチールパネルに取り替えられている。

つづくスウィンドンのルノー配送センター（一九八二）[図10]は二四メートル

図９　「セインズベリー視覚芸術センター」

×二四メートルの均等グリッド上に立てた鋼管柱から鉄骨梁を吊ったアンブレラ構造による反復的でフレキシブルな建築で、単なる配送センターを超えた軽快でシステマティックな表情を湛えている。圧縮材と引張材を組み合わせた複雑な構造システムは、技術コンサルタントのオヴ・アラップ事務所が考案したものである。フォスターにかぎらずハイテック建築家たちのデザインを支えているのは、オヴ・アラップ事務所に代表される優秀なエンジニアたちであることを忘れてはならないだろう。とはいえこの建築でも内外を貫く鋼管シャフトと吊材がヒートブ

図10　ノーマン・フォスター「ルノー配送センター」1982年

リッジとなって大きな熱負荷をもたらし、冬季には室内に結露を生じさせていると推測される。

ハイテック建築の潮流はフォスターの香港上海銀行（一九八六）［図11］において頂点に達する。この建築は一九九八年の香港の中国返還を見越して計画されたもので、恐らく当時としては世界でもっとも高価な建築といわれていた。ほとんどすべての建築部品が世界中の工場で製作され、船で現場まで運搬され組み立てられた。鉄骨の構造体は耐火被覆されているが、その構築的表現はシンボリックな力強さを示している。エスカレーター、エレベーター、階段、設備ユニットといった部品もすべて露出され、時代の先端を走る情報産業としての銀行にふさわしい透明で開放的な空間が達成されている。

同じ年にリチャード・ロジャースはロイズ・オヴ・ロンドン（一九八六）［図12］を完成させている。これは鉄筋コンクリート造と鉄骨造の混構造だが、プレキャスト・コンクリートを使った線材による構造システムは明らかに鉄骨構造の発想にもとづいている。オフィス空間がアトリウムを囲んでいる点や、設備ユニットや階段シャフトなどすべての建築要素が外部に表現されている点は香港上海銀行と同じだが、建物全体としてはよりダイナミックで表現的である点が異なっている［図13］。この建築も保険会社という情報産業の本社ビルであり、当時においても先進的な金融資本が新しい本社ビルのイメージを求めていたことがわ

図11　ノーマン・フォスター「香港上海銀行」一九八六年

図12　リチャード・ロジャース「ロイズ・オヴ・ロンドン」一九八六年

「香港上海銀行」アトリウム

かるだろう。とはいえこの建築でもポンピドゥー・センターほどではないにせよ金属製の外装サッシ、階段、庇が大きなヒートブリッジになっている。

レンゾ・ピアノは大阪万博のイタリア館の後にもいくつかの実験的な建築を手がけ、ポンピドゥー・センターでロジャースと協働した後にふたたび独立し、小品ながら注目すべき建築、ＩＢＭ移動展示場（一九八〇―八二）［図14］をデザインしている。これはアルミニウム、集成材、ポリカーボネートを組み合わせた解体・移動が可能な建築で、近代建築を支えた鉄、コンクリート、ガラスを一切使

図13　「ロイズ・オヴ・ロンドン」表現的な建築要素

うことなく透明で軽快な空間をつくり出している。テキサス州ヒューストンのメニル・コレクション美術館（一九八六）［図15］も小品だがダクタイル・アイアン（軟鉄の鋳鋼）とフェロセメントという一九世紀の素材を新しい形で現代に復活させたユニークな建築である。このようにいままで注目されなかった素材の可能性を追求することによって柔らかでヒューマンな建築を生み出しているためにピアノの建築は「ソフト・マシーン＝柔らかな機械」と呼ばれている。

図14　レンゾ・ピアノ「IBM 移動展示場」1980年

図15　レンゾ・ピアノ「メニル・コレクション美術館」1986年

一九八〇年代後半から九〇年代にかけてハイテック建築は興隆をきわめ、さまざまな建築家たちが技術をストレートに表現した建築を実現している。フォスターはさらに洗練された技術によってスタンステッド空港（一九九一）［図16］や香港のチェクラップコク空港（二〇〇〇）を完成させ、ロジャースは設備配管を外部に露出させることによって内部空間のフレキシビリティを確保した吊構造の二つの工場、インモス・マイクロプロセッサー工場（一九八二）とプリンストンのパッツセンター（一九八六）を完成させた。その他にはフォスターのパートナーであったマイケル・ホプキンスのシュルンベルジュ・ケンブリッジ研究センター（一九八五）やブラッケンハウス（一九九二）［図17］、ニコラス・グリムショウのファイナンシャルタイムズ社ビル（一九八八）やウォータールー国際駅（一九九三）［図18］、ジャン・ヌーベルのアラブ研究所（一九八七）［図19］やカルティエ財団ビル（一九九四）［図20］、イオ・ミン・ペイのルーヴルのピラミッド（一九八九）［図21］などが代表的な作品として挙げられよう。いずれの建築においても成熟した技術を背景にして建設プロセスの工業化・高精度化と建築の高性能化が一層進み空間はますます非物質化の様相を強めているが、すでに何度も指摘したように構造表現的なスタイルであり、エネルギー負荷的には不完全な建築にとどまっている。

右上：図 16　ノーマン・フォスター「スタンステッド空港」1991 年
左上：図 17　マイケル・ホプキンス「ブラッケンハウス」1992 年
右中：図 18　ニコラス・グリムショウ「ウォータールー国際駅」1993 年
下：図 19　ジャン・ヌーベル「アラブ研究所」1987 年

図 20　ジャン・ヌーベル「カルティエ財団ビル」 1994 年

図 21　イオ・ミン・ペイ「ルーヴルのピラミッド」 1989 年

ライト・コンストラクションとデコン

一九八〇年代以降のハイテック建築の興隆に平行して、その影響を受けながらも批評的なスタンスをとる鉄骨建築の潮流が生まれた。そのひとつはライト・コンストラクションである。これは高性能で重装備なハイテック建築に対し、自然環境に対して応答的で軽装備な空間、すなわちケース・スタディ・ハウスのような柔らかな建築をめざす潮流である。代表的な建築としてはオーストラリアのグレン・マーカットの一連の作品や日本の伊東豊雄によるシルバーハット（一九八四）［図22］などが挙げられる。いずれも小規模な建築であり温暖な自然環境の地域においてはじめて可能な軽快で開放的な空間が実現されている。技術の成熟（第一、二層）を基盤にしながら、ハイテック建築は性能（第三層）を優先するのに対し、ライト・コンストラクションはむしろ空間の非物質化（第四層）を優先する。しかしこの違いは建築観の違いというよりも、むしろ建築が置かれた自然環境の違いによるものだろう。ライト・コンストラクションはカリフォルニア、オーストラリア、日本といった自然環境が穏やかな地域にふさわしい建築というべきである。逆に言えばライト・コンストラクションはハイテックに対し、いかに自然環境に開かれた空間をつくるかという問題を問いかけているのだといってよい。

もうひとつの潮流はデコン派である。これは哲学者のジャック・デリダが提唱したデコンストラクション（脱構築）の概念を建築に適用したデザイン潮流で、

図22　伊東豊雄「シルバーハット」一九八四年

先に紹介したロシア・コンストラクティビズムに起源を持ち、鉄骨構造の安定した構築的表現を解体させたような表現をめざしている。代表的な建築としてはベルナール・チュミによるパリのラ・ヴィレット公園（一九八九年）［図23］やオーストリアの建築家グループ、コープ・ヒンメルブラウの一連の作品をあげることができる。デコン派はハイテック建築の秩序立ったシステマティックな空間に疑問を投げかけ、現代の混乱した社会状況にふさわしい反秩序的でアンチ・システマティックな建築を提唱する。しかしながらデリダのデコンストラクション概念はコンストラクション（構築の論理）の徹底がコンストラクション自らを自壊させるという数学や論理学に起源を持つ文学概念である。したがって最初から反秩序的な表現を追求する建築とは何の関係もない。さらに実際に多くの建築が崩壊し現実にカオティックな状況がもたらされた一九九五年の阪神大震災によって、その批評性はほとんど失われたように思われる。

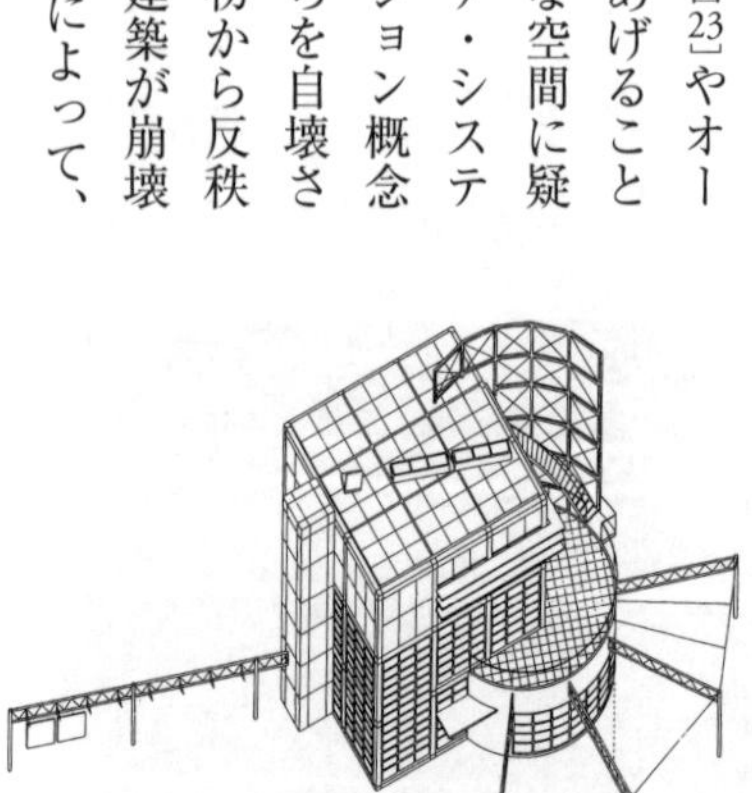
図23　ベルナール・チュミ「ラ・ヴィレット公園」一九八九年

第六章　ハイテックからエコテックへ——技術のサステイナブル化

これまで一貫して主張してきたのは、近現代のメタル建築史の底流には技術の成熟化を背景として建築を非物質化とエフェメラリゼーションへ向かわせる力がはたらいているということだった。しかしその具体的な現れは多様であり、その多様性は四層構造のズレに起因するという仮説を提唱してきた。二一世紀に入ってメタル建築の多様化はますます進行している。そこでこの章ではメタル建築の多様な潮流のなかからいくつかの注目すべき潮流に焦点を当て、二一世紀のメタル建築が進む方向を展望してみることにする。

グッゲンハイム美術館ビルバオ

二〇世紀末から二一世紀にかけて、いくつかのエポック・メイキングな建築が出現した。そのなかでもっとも話題を呼んだのはフランク・O・ゲーリーがスペインのビルバオに建てたグッゲンハイム美術館ビルバオ（二〇〇〇）［図1］だろう。建物全体は断片化した曲面の集合によって構成され、建築というよりも巨大な彫刻のように見える。あるいは先に紹介したデコン派の究極的な表現といってもよいかもしれない。外装は不定形に組み上げた鉄骨骨組の上に、建物全面に銀色に輝くチタン合金のシートを張り巡らせている。この建築によってビルバオは一躍世界的な観光地として脚光を浴びるようになった。この建築の出現に震撼させられた建築家は数多いが、その可能性と問題をもっとも鋭く読み取ったのは伊東豊

図1　フランク・O・ゲーリー「グッゲンハイム美術館」2000年

雄だろう。彼はそれをこう整理している。

1　高度なコンピュータを駆使し三次元曲面を多用した表層への固執

2　屋根、壁、床といった建築エレメントの分節によらない流動的空間の表現

3　構造的合理性に基づく形態の追求ではなく、ステージセットのように恣意的な形態を裏打ちする構造

4　アニメーションの製作現場のように分業化されたスーパーフラットな設計環境

5　ディズニーランドのように周辺とのコンテクストをもたないテーマパーク的空間による美術館建築の解体[1]

図 2　フランク・O・ゲーリー
「ルイ・ヴィトン財団美術館」2014 年

この建築の成功によってゲーリーは世界中から同じような建築の依頼を受けることになった。最近ではさらに自由奔放に展開させた造形を半透明の羽のようなダブルスキンで包み込んだルイ・ヴィトン財団美術館（二〇一四）をパリに完成さ

1　伊東豊雄著「『グッゲンハイム美術館ビルバオ』があからさまにした未来」『node：二〇世紀の技術と二一世紀の建築』新建築二〇〇一年一一月臨時増刊、新建築社

せている[図2]。

彼は今後ますます自由でアーティスティックな表現を追求していくだろう。伊東がいうように、ゲーリーが提起した問題は建築の根拠を揺るがすような大きな力を持っている。しかし彼の表現はきわめてパーソナルな発想にもとづくものであり模倣は不可能である。私たちは彼が提起した問題を真摯に受けとめ、彼とは異なる解答を探し出すべきなのである。

せんだいメディアテーク

一九九五年に国際コンペが実施され、二〇〇一年に完成した伊東豊雄のせんだいメディアテーク（二〇〇一）[図3]は、グッゲンハイム美術館とは異なるかたちで近現代建築のあり方に問いを投げかけた。

まず注目されるのは、鋼管ラチス・シェルのチューブ状の柱と鋼板ハニカムによるプレート状の床スラブを組み合わせた構造体である。これは今までの鉄骨フレーム構造とはまったく異なる新しい構造システムの試みといえよう（第一層）。第二は、ラチス・シェルのチューブが構造体であると同時に人、物、エネルギーのサーキュレーション・チューブともなっている点である。チューブにはエレベーター、階段、設備配管が組み込まれ、屋上からはチューブを通して自然光が降りてくる。さらに南面道路に面するファサードは直射日光を制御するガラスのダブ

図3　伊東豊雄「せんだいメディアテーク」2001年

ルスキンになっている（第二層）。第三はまったく異なる機能を持つ七層のフロアが単純に重ね合わされている点である。それぞれのフロアは異なる階高を持ち、簡単な可動間仕切りと家具によって仕切られただけのオープンな空間としている。つまりこの建築は近代建築が追求しつづけてきた空間のフレキシビリティに対する究極的な回答だといってよい（第三層）。最後に、チューブとプレートだけで構築され、外周を軽い皮膜によって囲まれただけの空間は、ル・コルビュジエのドミノ・システムとミースのユニヴァーサル・スペースという近代建築の原型的な空間を統合しているとみなすことができる（第四層）。

このようにせんだいメディアテークは二〇世紀のモダニズムを締めくくるにふさわしい建築であると同時に、二一世紀の建築のヴィジョンを先取りした建築といってよいだろう。

世田谷村

石山修武が長い時間をかけてつくり上げた自邸、世田谷村（二〇〇二）［図4］は鉄骨構造の小さな住宅だが、この建築が投げかけた問題提起はきわめて長い射程距離を持っている。これは四本の鋼管支柱を引張材によって補強し、その上に鋼板製の船を載せたような単純な架構を持ち、内外部に石山が開発したさまざまな実験的な建築部品が組み込まれている。石山はこの建築を建築家として設計するだけでなく、コンストラクション・マネージャーとしてさまざまなメーカーや職人を組織し、ありふれた技術をブリコラージュしながら新しい部品を開発することによってつくり上げた。石山はこの自邸の試みを通して誰もが自分の住宅をつくることができるような建築技術のあり方を提案したのである。そのような開かれた技術を石山は「開放系技術」と呼んでいる。専門化・高度化した技術を手元に引き寄せ、デザインすることとつくることを一体化しようとする試みは、バックミンスター・フラー、ジャン・プルーヴェ、イームズ夫妻、日本では剣持昤《れい》といった人たちの仕事に通ずるものがある。さらに遡るなら、近代建築初期のウィリアム・モリスも同じような考えを持っていた。一方で、石山は近代化から取り残された職人技術を再評価しようとしている。この意味で石山は現代のモリスをめざしているのかもしれない。とはいえ、開放系技術を現代に根づかせるにはメタル建築を軸とする工業化された建築部品との組み合わせは不可欠だろう。世田谷村はそのひとつの試みだといってよい。

　世田谷村の屋上には野菜や草花を栽培する菜園がある。建築の工業化の新しい方向を模索することと自然に向かうことは、一見すると対立するように見える。しかし人工と自然の両極を併せ持つことが石山の建築観の核心である。それは戦後モダニズムの中で住宅の工業生産化を追求しつづけた池辺陽が、自邸の一部である温室に豊かな自然を取り込んでいたことを連想させる。メタル建築は自然と

図4　石山修武「世田谷村」二〇〇二年

対比させることによってその魅力が浮かび上がるのである。

動く建築

近代以降、技術の成熟が工業化を通じて建築を高性能化するなかで、建築外の最先端技術を積極的に建築に取り入れようとする建築家たちが出現する。マーティン・ポーリーはそれをテクノロジー・トランスファーと名づけた。たとえばバックミンスター・フラーやノーマン・フォスターは航空機や船舶の技術を建築に適用しようとしたが、フューチャー・システムズはさらに進んで宇宙技術に注目している。彼らの建築はかぎりなく軽量で仮設的であり、移動可能な乗物（ヴィークル）に近づいていく［図5］。移動可能な建築は技術の成熟がもたらすひとつの可能性を示している。振り返れば、フラーの4Dハウス［図6］やジオデシック・ドーム、プルーヴェのバティマン・ド・ラ・ゲール（戦時の建築）［第三章図42］、アーキグラムのウォーキングシティ、ピアノのIBM移動展示場［第五章図14］、セドリック・プライス（一九三四―二〇〇三）のポタリーズ・シンクベルト［図7］など近代建築における可動建築の例は枚挙にいとまがない。このように一連の動く建築とメタル建築とは緊密に結びついている。それは近代建築が工業化をめざし部品化を追求した結果、一種の機械へと近づいていった必然的な結果である。

　地面を離れた建築を「建築」と呼ぶかどうかはともかく、二一世紀は難民シェ

図5　フューチャー・システムズ「小さなマンション」一九八二年

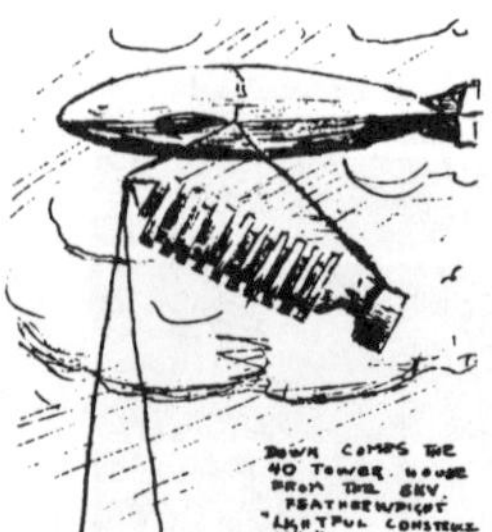

図6　バックミンスター・フラー「4Dハウス」一九二七年

ルター、災害時シェルター、モビール・ホーム、仮設建築などさまざまなかたちで可動建築が求められることは間違いないように思われる。

エコテック

地球環境と建築デザインとの関係は一九六〇年代後半から七〇年代にかけてエネルギー問題として注目されたことがある。直接的な引き金は中近東諸国の石油価格値上げに端を発する一九七三年と一九七九年の二度の世界的なオイルショックだったが、大きく見ればそれは高度成長がもたらした歪みに対する反省でありモダニズム批判の一環だったといえるかもしれない。しかしその後に先進国は重化学産業から情報産業へと構造転換を成し遂げ、世界的にバブル経済が進行するなかでエネルギー問題は忘れられていった。しかし一九九〇年代になって地球環境と建築デザインの関係は、以前より大きな問題として再び注目されるようになる。人類の産業活動が強大化した結果、南極のオゾンホールの拡大や空気中の炭酸ガス濃度の上昇といったかたちで地球環境全体が変化しはじめたからである。この問題に応えるために環境負荷の小さい建築を追求しようとする動きが勃興する。それがサステイナブル（持続可能な）・デザイン運動である。

サステイナブル・デザインは以下のような方策に集約される。

図7　セドリック・プライス「ポタリーズ・シンクベルト」一九六六年

1　環境負荷の小さい材料の使用、建築材料の再利用とリサイクル、自然素材、長寿命化（第一層）
2　既存のストックの再利用や転用、増改築（第一層）
3　エネルギー・コンシャスなデザイン、自然エネルギーの利用（第二層）
4　転用などによる機能変化に対応できるフレキシビリティを備えた建物、コンバージョン（第三層）
5　文化的な寿命の長い建築、記憶として残る建築（第四層）

こうした動きを受けてハイテック建築家たちは、技術の高度化を通じてこれらの条件に対処する方向へと向かう。この潮流はエコロジカルなデザインをめざすという意味でエコテック建築と呼ばれている。

レンゾ・ピアノによる関西国際空港（一九九四）［図8］はエコテック建築の萌芽ともいえる建築である。メイン・ターミナルの広大な波打つ鉄骨トラス屋根の形態は、大空間を空調するための気流の軌跡にもとづいて決定され、天井を覆うオープンダクトは照明の反射板ともなっている。この建築において世界ではじめて空気の流れがかたちを決定したといえるのである。

ノーマン・フォスターによるベルリンのライヒスターク（二〇〇〇）［図9］は、右に挙げたサステイナブル・デザインの条件をほぼすべて備えたエコテック建築

図8　レンゾ・ピアノ「関西国際空港」1994年

の模範的な例である。一九八九年にベルリンの壁が崩壊し東西ドイツが統合されたが、この建築は統合ドイツの国会議事堂として、かつてのプロイセンの議事堂を新生ドイツにふさわしい建築にリノベーションしたものである（第四層）。フォスターはプロイセン時代に建設された旧国会議事堂の外観を保存しながら、その内部に高性能の議事堂を差し込んでいる（第一層）。中心の議事堂の上にガラスドームを載せることによって議事堂内部を自然採光・自然換気し、太陽電池や菜種油による熱源、夏冬に分けた地下水への蓄熱システムなどによって建物の使用エネルギーを最小限に抑えている（第二層)。さらに屋上とガラスドームを一般市民に開放された歴史博物館とすることによって(第三層)ヨーロッパに対してドイツが及ぼしてきた過去の記憶を保存するとともに、それをガラスドームによって象徴的に表現し、夜間にはガラスドームがベルリンの都市空間に向けてシンボリックなメッセージを発光している(第四層)。

フォスターのみならず今やすべてのハイテック建築家たちがエコテックをめざ

図9　ノーマン・フォスター「ライヒスターク」2000年、保存された旧議事堂の外観

「ライヒスターク」
上：屋上とガラスドーム
下左：ガラスドーム内部のスロープ
下右：ガラスドーム中央の反射板

す方向へと転換している。鉄骨やアルミニウムはリサイクルだけでなく軽量化が可能な材料だから、新築だけでなく増改築による建築の高性能化にも適した素材である。そうした潜在的な可能性を生かすことによって、メタル建築はこれからのサステイナブル・デザインの最先端を担うことは間違いないだろう。

セミラチスで多元的な建築

二一世紀に入ると経済のグローバリゼーションが急速に進み、資本の国際化に伴って建築家の活動範囲も世界的に拡大していく。とりわけ中国や中近東の経済成長は急速で多くの建築家がこぞって巨大なプロジェクトを展開するようになる。そのなかでもとりわけ特異な建築デザインを展開しているのがオランダの建築家レム・コールハースと彼が率いるOMA（Office for Metropolitan Architecture）である。彼は一九七〇年代末にニューヨークについて研究し『錯乱のニューヨーク』[2]という著作を発表することから活動を開始した。本書で彼はこれからの都市のあり方に対して近代建築の思想とは異なる「過密の文化」を提唱し、資本のグローバリゼーションによる都市空間の均質化と建築の巨大化を前提として受け入れながら新しい建築のあり方を追求している。彼が追求しているのはハイテックやエコテックのように特定の中心的なコンセプトから導き出されるデザインではなく、あるいはコンピュータを用いたデジタルなシミュレーショ

2 Rem Koolhaas, *Delirious New York*, 1978.（レム・コールハース著、鈴木圭介訳『錯乱のニューヨーク』筑摩書房、一九九九年）

図10　OMA（レム・コールハース）「シアトル市立図書館」2004年

ンが生み出す特異な形態によるイコニック（図像的）なデザインでもない。そうではなく都市コンテクストへのセンシティブな対応、優秀なエンジニアの協力による新しい構法や構造システム、エネルギー・コンシャスで高性能な設備システムの追求、精緻な機能分析にもとづく新しいプログラムの提案といった多元的な条件をネットワークすることによってそれらの条件をいままでに見たこともないような特異な形態にまとめ上げようとするデザイン方法論である。彼は多種多様なデザインを展開しているが、なかでもシアトル市立図書館（二〇〇四）［図10］はその代表的な建築だといってよい。図書館のプログラムはホール、閲覧室、書庫、ビデオルーム、会議室などいくつかの機能にまとめられ、階段とエレベーターを収めた上下をつなぐ動線シャフトとそれに沿って建物高さいっぱいに立ち上がるヴォイド空間の周りに配置されている（第三層）。各階の床スラブは内部の機能相互の関係に対応させると同時に、外部の都市コンテクスト、日射と方位、建物周りの動線にも対応させるように必要に応じてズラされている（第二層と第四層）。建物全体は菱形の鉄骨フレーム

「シアトル市立図書館」
ヴォイド空間から動線シャフトをみる

によって覆われ床スラブのズレは不定形な量塊にまとめられている。菱形鉄骨フレームは外周の床スラブを支えると同時に地震や風などの横力を負担し、さらに応力分布に応じて部分的に補強され、応力が集中する部分は斜柱によって支えている（第一層）。外装は菱形フレームにはめ込まれたガラスによって仕上げ日射や方位に応じてガラスの性能を変えている（第二層）。以上のようにこの建築では設計条件を可能なかぎり変数化しセミラチス的に組み上げることによって不定

「シアトル市立図書館」「Living Room」を見下ろす

形でモノリシックな形態にまとめ上げている(第四層)。まさに「建築の四層構造」をそのまま空間化したような多元的でサステイナブルな建築である。コールハースとOMAはその後も同じような方法によってより巨大な北京のCCTV本社(二〇〇八)を実現している。彼らの方法はこれからの複雑で錯綜した設計条件にふさわしいアプローチといえるだろう。

おわりに——非物質化とエフェメラリゼーションの行方

本論において、最終的に確認したかったことは、以下のような歴史的事実である。すなわち、モダニズムのデザインは、建築家やデザイナーの内面から発したのではなく、一九世紀末から二〇世紀初めにかけての資本主義の進展がもたらした技術の進展と社会的な変化に対する、建築家やデザイナーの感性的な適応によって、生み出されたものである。一九六〇年代末から七〇年代にかけて、モダニズムのデザインはポストモダニズムのデザインに取って代わられたように見えたが、一九九〇年代になって再び見直されるようになったのは、モダニズムのデザインの背景に、本論で述べてきたような、前世紀から続く継続的な技術の進展と、それに伴う社会的変化があったからである。デザインは時代の潮流に対する建築家やデザイナーの適応として生み出される現象である。モダニズムのデザインは建築家やデザイナーの主体的・内発的な意志のみによって生み出されたという俗説を、私が信用しない根本的な理由はそこにある。

これまで一九世紀から二一世紀にかけて展開したメタル建築の可能性を探ってきたが、その底流にあると考えた「非物質化」と「エフェメラリゼーション」の傾向は、今後も進行しつづけるのだろうか。そして、建築は限りなく軽く透明になり一九六〇年代の建築家が夢見たように泡のようになるのだろうか［図1］。最後に、この問題についてもう一度考えてみたい。

図1　フランソワ・ダルグレ＋レイナー・バンハム「エンヴァイロメンタル・バブル」一九六五年

建築理論家のジョセフ・リクワートは『アダムの家』[1]のなかで、建築の原型には二種類あると主張している。すなわち「洞窟の〈発見された〉空間」と「テントあるいは非常に切り詰められた庵の〈つくられた〉空間」である。この考え方によれば、非物質化とエフェメラリゼーションとは「テントのような〈つくられた〉空間」へと向かうことだといってよいだろう。

近代建築は鉄、コンクリート、ガラスによって成立したといわれているが、鉄とコンクリートは対照的な素材である。コンクリート造は壁的な建築をつくるとすれば、鉄骨造はフレーム的な建築をつくる。つまり、単純にいえば、洞窟をつくるのがコンクリートだとすると、テントをつくるのは鉄骨造である。コンクリート造は、現場での作業を主とする比較的ロウテクな構法だが、鉄骨造は構造システムの解析や構造部品の製作と組立においてハイテクな構法である。だとするなら、メタル建築史とは、洞窟をテント化しようとする試みの歴史だったといえるのではないだろうか。そのような意味において、「非物質化」と「エフェメラリゼーション」の傾向は、現在でも依然としてひとつの可能性を示しているといえるだろう。

しかしながら、最近の建築を見ると、デザインの潮流は必ずしも、そのようなひとつの方向に向かって進んでいるようには見えない。コンピュータの急速な進展によって、全世界的なＩＴ化が進むにつれ、産業構造は大きく転換し、建築

1　ジョセフ・リクワート著、黒石いずみ訳『アダムの家』鹿島出版会、一九九五年

＝アーキテクチャーの概念も大きく変容している。それはいわゆる産業資本主義から金融資本主義への転換といってよいかもしれない。それに伴って、今や「建築＝アーキテクチャー」とは、目に見える物理的な建築空間だけでなく、それが体験される心理的な空間や、映像などの表象的で現象的な空間、さらにはコンピュータ・ソフトの構築、情報のネットワーク化、人間集団の組織化といった、目に見えないシステムのデザインまでをも含むようになっている。つまり、アーキテクチャーとは、ハードであれソフトであれ、何らかのシステムのデザインを意味するようになっているように思える。

このような状況を「建築の四層構造」の視点から見れば、アーキテクチャーは、第一層から第四層へと重点を移しつつあるといえるかもしれない。さらに突っ込んで考えるなら「建築の四層構造」というマトリックス自体が、ソフトな意味でのアーキテクチャーともいえる。いい換えれば、「非物質化」と「エフェメラリゼーション」の潮流は、建築の物理性における「非物質化」や「エフェメラリゼーション」にとどまらず、エネルギーや機能などの第二層、第三層の組織化、さらには第四層の記号性への移行という形としても表れているのである。

とはいえ、このように建築概念の変容が進むとしても、人間が物理的な身体を持ち、高齢者や子どもなどの弱者を支えるような建築をめざすかぎり、建築の物質性（第一層）は、依然として重要な条件として求められ続けるだろう。「建築の四層構造」は、そのような建築や都市における多様な変容を関係づけながら、総合的に実現していくための図式なのである。

二〇〇一年の九・一一連続テロによって、ニューヨークのＷＴＣ（ワールドトレードセンター）が崩壊した。その崩壊の仕方があまりにも激しかったため、その後にＷＴＣの崩壊メカニズムが建築界で大きな話題になった。そして、その技術的・構造的な要因のひとつが、ＷＴＣの単純明解な鉄骨構造システムにあることが指摘されることになった。つまり、ＷＴＣは、徹底した合理性と最適化をめざして設計されていたために、崩壊に対する構造的リダンダンシー（冗長性）をほとんど備えていないことが明らかになったのである。この事件が契機となって、建築の構造システムがめざすべき目標は、最適化からリダンダンシーへと大きく転換することになった。これに伴って、十分なリダンダンシーを備えた、より精細なシミュレーションが可能であるような構造モデルが追求されるようになっていく。さらに一九九五年の阪神大震災や二〇一一年の東日本大震災以降には、構造的なリダンダンシーだけでなく、自然災害に対する総合的な耐性の概念が拡大していくことになるのである。

ここで注意しなければならないのは、リダンダンシーという概念の解釈である。それは、構造解析や構造デザインにおいて単に「安全率」を高めることではない。

そうではなく、建築を成立させている多種多様な条件と条件相互の複雑な関係を、できるだけ明確に把握したうえで、それらを変数化し、モデル化することによって、あくまでも合理的に解析することである。要するに、リダンダンシーの追求とは、可能な限り現実の構造に近い変数を備えたモデルを開発することなのである。そして、そのような要求に対して応えるのは、繊細で複雑なシミュレーションを可能にし、ＢＩＭ（Building Information Modeling）やＡＩ（Artificial intelligence ＝人工知能）のような建築情報のより高度な統合を可能にするコンピュータ技術の進展である。

このような潮流にも、非物質化とエフェメラリゼーションのひとつの表れを見ることができるかもしれない。

しかしながら、そこにも問題がないわけではない。本論の最後に紹介した建築家であるレム・コールハースは、彼の著書『S, M, L, XL ＋』に収めたエッセイ「スマートな景観」において、最近のコンピュータ技術に伴って急激に進行しているデジタル・デザインについて、以下のような警告を発している。

これまで何世紀にもわたって蓄積されてきた知識と、今日「スマート」とされる狭い範囲の業務とを融合し得る可能性はほとんどないのではないだろうか。われわれが今直面しているのは、人間の集団を明確に捉えるという建築の伝統的な能力と、個人との一体化が可能といえそうなデジタルの能力との、根本的な対立関係だ。[2]

デジタル・デザインをポジティブにとらえるかネガティブにとらえるかの判断は、その人の世代性を分かつリトマス試験紙かもしれない。これまでコールハースは、どのような場合においても、時代の趨勢を冷静に受けとめ、それをポジティブに展開させる方法を提案してきた。しかしながら、デジタル・デザインに対しては、明らかにネガティブな立場をとっている。単純な技術優先主義に対して、コールハースは否定的である。「人間の集団を明確に捉えるという建築の伝統的能力」というきわめて正統な主張を、われわれは肝に銘じるべきだろう。

「建築の四層構造」はその点を確認するためのマトリクスだといってよい。これが本論の結論である。

2　レム・コールハース著、渡辺佐智江＋太田佳代子訳『S, M, L, XL＋：現代都市をめぐるエッセイ』筑摩書房、二〇一五年

補論

補論1　アルミニウム建築——もうひとつのメタル建築

いうまでもなく、二〇世紀のメタル建築史の主役は鉄鋼だった。アルミニウムは、鉄鋼（スチール）とほとんど同時に建築材料として出現したにもかかわらず、つねに傍流を歩んできた。アルミニウムは鉄に次いで地球上に大量に存在する物質である。アルミニウムは酸化アルミニウム（ボーキサイト）として存在している。アルミニウム原子と酸素原子の結合はきわめて強固である。アルミニウムといえば、表面を酸化させたアルマイト仕上げが知られているが、アルマイト仕上げのアルミニウムが酸や塩分によって侵されにくいのは、酸化アルミニウムの皮膜がきわめて安定しているからである。このためアルミニウム原子と酸素原子を電気分解（還元）し、ヴァージン・メタルに製錬するには大量の電力を必要とする。したがって、アルミニウムが本格的に製錬されるようになるのは、発電技術が急速に進展した一九世紀後半になってからである。当時、電力はきわめて高価だったため、アルミニウムは貴金属と同等に扱われ、人々はアルミニウムに神秘的なイメージを抱いた。例えばSF作家ジュール・ヴェルヌが書いたSF小説『月世界旅行』[1]では、月に打ち込む弾丸ロケットをアルミニウムでつくるというエピソードが出てくる。鉄鋼よりも強度が低く、融点の低いアルミニウムの物性を考えると、あり得ないような話だが、当時はそれだけ先端的な技術の産物として受け止められ、人々はアルミニウムに対して大きな期待と未来的なイメージを抱いていたのである。

アルミニウムが建築材料として使われ始めてから、すでに一〇〇年以上が経過している。近代建築運動が勃興したのは二〇世紀初頭だから、近代建築史とアルミニウム建築の歴史はほぼ重なり合っている。前にも述べたように、近代建築の大きな潮流が非物質化とエフェメラリゼーションに向かったとすれば、アルミニウムは常にその先端を走っていたといってよい。アルミニウムはスチール（鋼）以上に軽量で加工精度が高いために、技術の可能性を追求した建築家たちは、そろってアルミニウムに注目したからである。にもかかわらずアルミニウム建築の歩みはまさに茨の道だった。

アルミニウムが初めて本格的に建築に使用されたのは、オットー・ワグナーが設計したウィーン郵便貯金局［第2章図13］においてである。外壁の石張りを留めるボルト・キャップ、玄関庇と支柱、玄関ホールの階段手すりなどにアルミニウムが大量に使用されている。もっとも注目すべき部分は建物中央の営業ホールである。この営業ホールは鉄とガラスによるアトリウム的な空間だが、鉄骨の支柱カバー、照明器具、空調吹出塔、時計、表示板など、いたるところにアルミニウムが使われている。さすがに主構造である支柱にはアルミニウムは使われていないが、銀色に塗装されている点から見て、ワグナーは建物全体をアルミニウムでつくりたかったことが推測できる。本論でも紹介したユリウス・ポーゼナーは、この営業ホールの空間に注目しながら、それを「非物質化（Dematerialization）」と呼んでいる。非物質化とは、近代建築を支えた新しい材料、すなわちコンクリート、鉄骨、ガラスが可能にしたデザインの潮流である。

技術は最小限の資源によって最大限の機能を生み出す方向（More with Less）へと向かう。技術のそのような方向性をもっとも先進的に追求したのはバックミンスター・フラーである。フラーはそれを「エフェメラリゼーション（Ephemeralization）」と名づけたことは既に紹介した。そのような思想を持っていたフラーが、アルミニウムに注目したのは必然的だったといってよい。非物質化とエフェメラリゼーションは、明らかに連動した潮流である。ただしエフェメラリゼーションには、空間の質だけでなく「多機能で高性能」という条件が含まれている。近代建築の非物質化とエフェメラリゼーションを推し進めた素材は、鉄、コンクリート、ガラスだと言われているが、アルミニウムはその潮流をさらに推し進める材料であることは間違いない。

本編ですでに紹介したバックミンスター・フラーのダイマキシオン・ハウス（一九二九）［第三章図33］は、もっとも初期の試みのひとつである。この住宅は躯体や外装だけでなく、設備機器にまでジュラルミンを使った本格的なアルミニウム建築である。後にフラーはこのシステムを発展させ、量産を前提としたダイマキシオン居住装置（ウィチタ・ハウス）［第三章図38］を開発している。フラーはこの住宅の開発、生産、販売のために会社を設立し、実際に三万七〇〇〇戸あまりの注文があったにもかかわらず、さらなる改良を主張して、本格的な生産を承認しなかった。しかしながら現在においても、技術革新と工業化を住宅産業に本格的に適用した点において、この住宅を越えるような試みは出現していない。

フラーとは異なり、近代建築のスタイルをそのままアルミニウムによって造ろうとした試みもある。アルバート・フライのアルミネア・ハウス(一九三一年)[第三章図35]である。フライはル・コルビュジエの弟子であり、アメリカの先進的な工業技術に憧れて移住した建築家である。彼は当時『アーキテクチュラル・レコード』誌の編集長だったローレンス・コッカーの協力を得て、アメリカならではの新しい構法や、工業製品を大々的に用いたアルミニウム製のモデル住宅を開発している。これはル・コルビュジエが唱えた「ドミノ・システム」と「近代建築の五原則」をアルミニウム構造によって実現しようと試みた住宅であり、一九三二年の「近代建築:国際展(Modern Architects:International Exhibition)」にも紹介されている。表現と構法に大きな食い違いがあるル・コルビュジエの建築とは異なり、この住宅では両者が統合されているといえる。しかしながら、当時のアルミニウム技術は未熟だったため、アルミニウムが用いられているのは柱と外装だけであり、他の構造体はスチールだった。同時に、フライは、アルミニウムの熱電導率の高さを十分に理解していなかったせいで、アメリカ東部の寒冷気候地においては十分な居住性能を確保できず、量産化は実現しなかった。

フランスのエンジニア、ジャン・プルーヴェの試みも忘れることはできない。他のデザイナーと比べてプルーヴェの活動が特異であるのは、自身のデザインを実現する工場を持っていた点である。プルーヴェは自分の工場で部品を製作し、さまざまな工業化住宅を実現している。アルミニウムを使った量産住宅の試みを行っているが、アルミニウムの使い方は、基本的に外壁や屋根などのシェルター(外被)が中心である[図1]。プルーヴェの才能が最も開花したのは、アルミニウム製のカーテンウォールのデザインにおいてである。プルーヴェは、アルミニウムやスチールなどの軽量構造の可能性を追求することを通じて、戦後における建築や住宅の工業生産化への道を開いた。

日本では、池辺陽が一九六〇年代にアルミニウムを使ったいくつかの住宅（「住宅No.66」［図2］など）を試みている。その使い方は基本的にプルーヴェと同じようにシェルターが中心だった。池辺は日本最初のロケット打ち上げ場のデザインを手掛けるなかで、航空機の技術と出会い、アルミニウム・パネルの製造技術を建築に適用しようと試みている［第五章図1・2］。これ以外にも、日本のアルミニウム業界は高度経済成長期の一九六〇年代に、さまざまなアルミ建築の試みを展開している。

このようなアルミニウム建築の試みを振り返ると、ひとつの共通点があることに気づく。アルミニウム建築に取り組んだ建築家たちは、それぞれ特異な才能を持ってはいるが、おしなべて近代建築史の傍流を歩んでいる点である。この事実は、近代建築史におけるアルミニウムという材料の位置を象徴的に示している。彼らの一連の試みが成功しなかったのはなぜだろうか。その理由は、当時のアルミニウム技術が、複雑で高度な建築の機能を達成できるレヴェルに達していなかったためだと考えられる。コスト面でも性能面でも、アルミニウムはまだ未成熟な技術だったのである。

日本においてアルミニウムが一般化するのは、アルミサッシとしてである。一九六〇年代の高度成長期に、アルミサッシは爆発的に普及し、住宅地の風景を一変させた。アルミニウム業界は一九六〇年代後半から七〇年代にかけて、さらに販路を拡大することをめざして、サッシやカーテンウォール以外の部品や構法の開発に取り組むようになる。構造骨組にアルミニウムを使う試みが展開されるのはこの頃からである。一九六〇年代後半には、アメリカのアルミニウムメーカー、アルコア社が、アルミニウムフレームによる住宅構法システムを開発し一万戸以上の住宅を建設し

図1　ジャン・プルーヴェ「アルミ・シェルター」1951年

図2　池辺陽「住宅No. 66」1963年

ている［図3］。日本でもその技術を導入し、同じような住宅が建設されている。しかしながら、前者は従来の2×4構法、後者は日本の在来軸組構法をアルミニウムフレームに置き換えただけの構法システムだったので、一九七三年のオイルショックによってアルミニウムが高騰すると、木造軸組に太刀打ちできなくなった。要するに、かつての鉄骨建築のように、アルミニウムの特性を生かした新しい構法による新しいタイプの建築を開発しなければ、社会に根付かせることは難しいのである。

そのひとつの試みが、沖縄海洋博覧会（一九七五年）において建設されたアルミニウムのパヴィリオン（設計：小川三郎＋飯嶋俊比古）［図4］である。この建築のために、十字形断面のアルミニウム押出材を柱としたクロスタッド・システムが開発された。しかしながら、当時のさまざまな試みは、現在ではほとんど忘れ去られている。その空白期をもたらしたのは、一九七三年と一九七九年の二度にわたってわが国を襲ったオイルショックである。オイルショックによる石油価格の急騰によって電力価格が高騰し、大量の電力消費によって成立していたアルミニウム産業は大きな打撃を受けた。その結果、それまでのさまざまな技術開発の試みはことごとく放棄されたのである。

一九八〇年代になるとハイテック建築が勃興し、アルミニウム建築は少しずつ復活してくる。先に紹介したノーマン・フォスターのセインズベリー視覚芸術センター［第五章図8・9］は、主構造は鉄骨造だが、外装には全面的にアルミニウムの断熱サンドイッチパネルが使われている。屋根、壁、開口は、すべて同一サイズのアルミニウム製のパネルで統一され、横樋とジョイントを兼ねたネット状のネオプレン・ガスケットに留め付けられている［図5］。フォスターはフラーの弟子であり、この建築の軽量性と高性能性は、バックミンスター・フラーのエフェメラリゼーションの思想をそのまま適用したものだといってよい。レンゾ・ピアノのＩＢＭ移動展示場も小規模だが未来を感じさせる建築である。解体と組立の繰り返しを可能にするため、軽量性と精度が追求され、アルミニウム、ポリカーボネイト、集成材の部品によって組み立てられている。近代建築を支えた材料である、鉄・ガラス・コンクリートが使われていない点は注目されてよい。リチャード・ホールデンの設計したヨットハウス（一九八五）［図6］も興味深い。これはヨットのマスト技術を応用したアルミニウム構造の住宅である。

アルミニウムの軽さを最大限に生かしたシステムであり、セルフビルドによって建設されたことは、アルミニウム建築の新しい可能性を示している。フューチャー・システムズ設計のローズ・クリケット場メディアセンター（一九九四）[図7]は、アルミニウムの加工性を最大限に引き出した建築である。その近未来的なデザインは、航空機や車両での溶接技術を用いて実現された。シームレスなデザインも、アルミニウム建築の新しい可能性を示している。

二〇世紀末に再びアルミニウムが再評価されるようになったのは、地球環境に与える建設産業の影響が大きな問題となり、アルミニウムのリサイクル可能性が注目されたからである。アルミニウムをリサイクルするには大きなエネルギーを必要としない。循環型の社会にとって、すでに市場に出回っている大量のアルミニウムは、重要な建築材料のひとつになりうる。アルミニウムの魅力は軽量性、加工性と高精度、安定した酸化皮膜による防錆性と耐久性、ア

図 3　アルコア社のアルミニウムフレームによる住宅構法システム

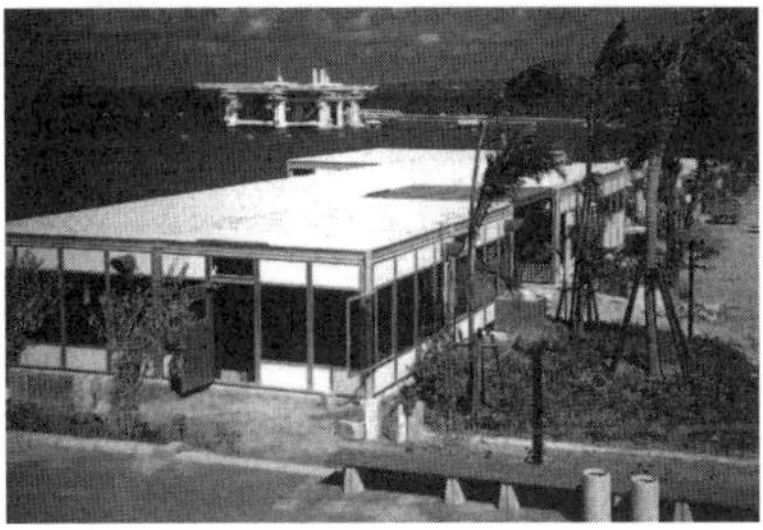
図 4　小川三郎+飯嶋俊比古「アルミニウムのパヴィリオン」1975 年

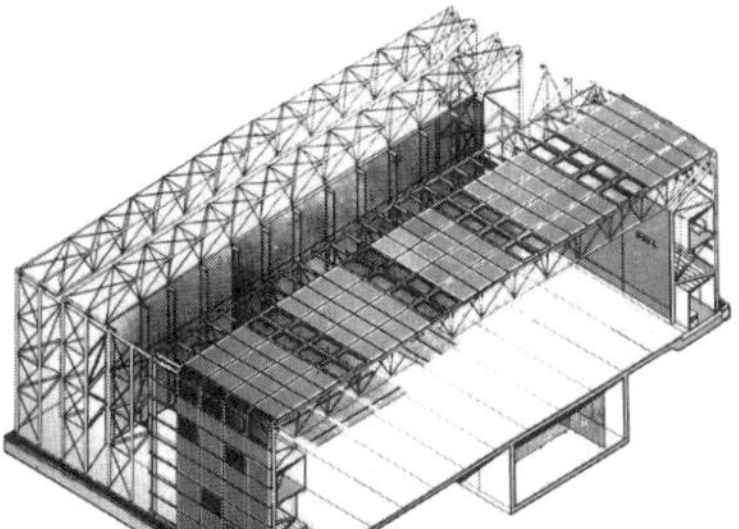
図 5　ノーマン・フォスター「セインズベリー視覚芸術センター」1978 年

ルマイト仕上げの柔らかなテクスチャー、リサイクルの容易さなどにある。しかし、視点を変えれば、それは欠点にもなる属性である。例えば加工性が高いのは、融点が低く、強度が弱いためである。アルミサッシが嫌われるのは、あまりにも安定した酸化皮膜が表面の風化を寄せつけず、時間を感じさせないためである。あるいはアルマイトのマットなシルバー色と均質なテクスチャーは、機械的で冷たい印象を与える。リサイクルは容易であっても、ヴァージン・アルミニウムの精錬には大きなエネルギーが必要である。さらに熱伝導率の高さ、ヤング率の低さといった特性は、使い方によって長所にも短所にもなりうるのである。

スチールに比べると、アルミニウムはより「思考に近い」フィクショナルな材料といえるかもしれない。すなわち、アルミニウムは、近代的な思考、合理的で分析的な思考にふさわしい材料なのである。非物質化とエフェメラリゼーションが、建築における近代的思考を押し進めることによってもたらされることを考えれば、それは当然のことだろう。しかし同時に、アルミニウムは、近代的な思考ではとらえきれない過剰性・他者性を孕んでいる。例えばアルミニウム合金は混入するほかの金属の種類によって、きわめて多様な特性を示す。それらを組み合わせてつくられた建築部品や構成材ともなれば、予測を越えた性質がつくり出される。強度と重量の問題、熱の問題についてはいうまでもないが、湿度や音などの条件についても、多くの検討すべき課題がある。これらの課題すべてを、前もって精確に予測することは不可能である。それらは明確な仮説にもとづいて建築システムを構築し、それを建築空間として実際に建設し、さらに時間をかけて実験・検証することによって、初めて明らかにすることができる。

日本では、伊東豊雄や山本理顕による一連のアルミニウム建築の試みが注目される。伊東豊雄は後に紹介する難波和彦による実験住宅アルミエコハウスに並行して、アルミニウムの技術的可能性を追求した住宅K邸(二〇〇〇)を建て、さらにベルギーのブルージュにアルミニウムのハニカム構造を応用した実験的なブルージュ・パヴィリオン(二〇〇二)を実現させている。

実験住宅アルミエコハウス(一九九九)［図8］

「実験住宅アルミエコハウス」の計画は、アルミニウムの可能性を住宅においていかに生かすかという目的で開始された。伊東豊雄を座長として「住まいとアルミ研究会」が発足したのは一九九八年である。佐々木睦朗と難波和彦が参加を要請され、アルミニウム構造に造詣の深いエンジニアを加えた小さな委員会がスタートした。会の目的は、アルミニウム合金を構造に使った住宅のプロトタイプをデザインすることだった。「住まいとアルミ研究会」が最初に行った作業は、アルミニウム住居の総合的なプログラムを作成することである。アルミニウムの技術を単に応用しただけの住居をつくっても、技術的には興味深いかもしれないが、社会的な認知を得ることは難しい。アルミニウムを手がかりにして新しい生活像や空間を提案すること、すなわちアルミニウムの技術的可能性と、近未来の住居がそなえるべき条件を結びつけることによって、アルミニウム合金を構造体とする近未来住居のプロトタイプをつくることが、研究会の最終的な目標だった。実験住宅アルミエコハウスのプログラムは、「建築の四層構造」に基づいて以下のようにま

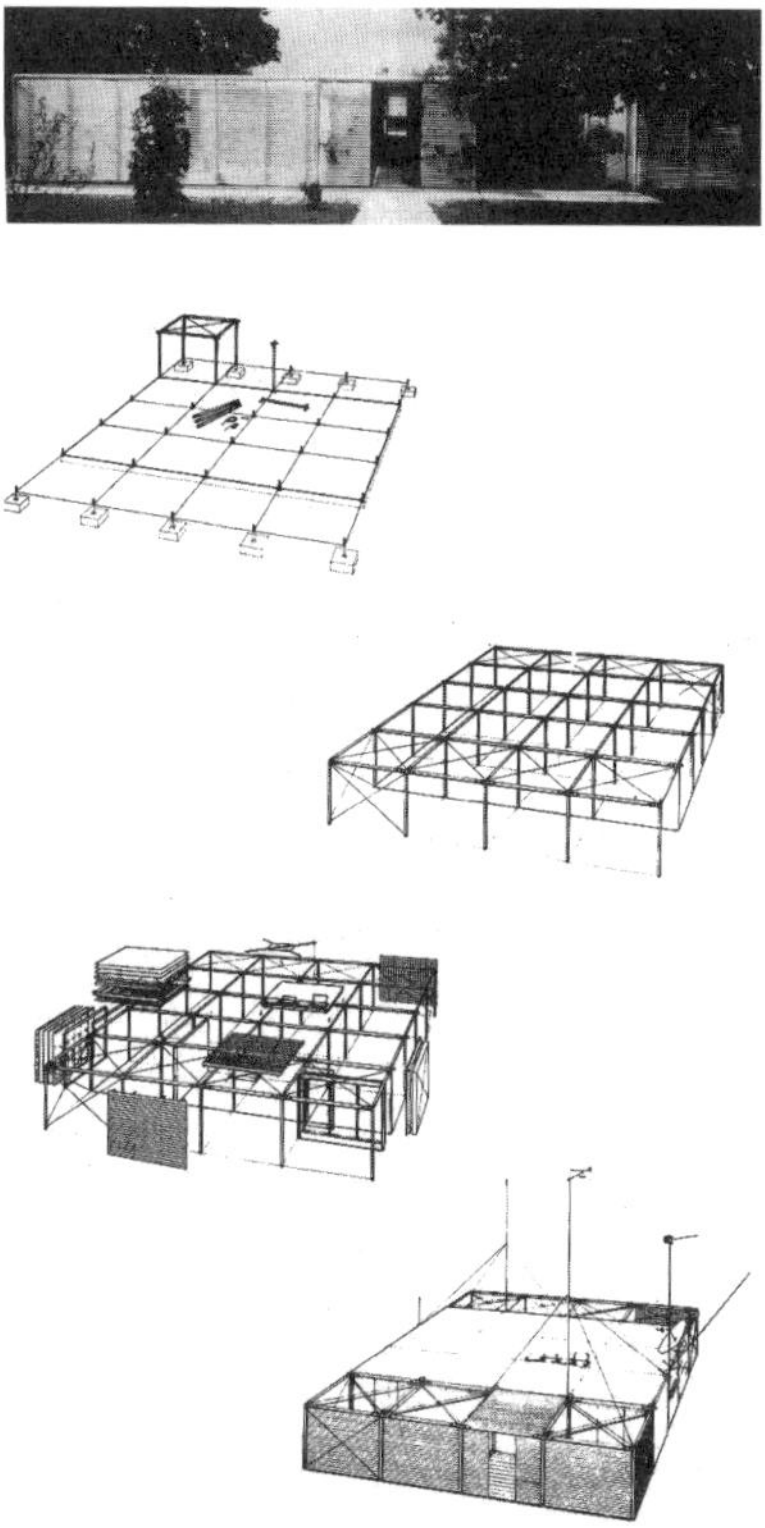

図6　リチャード・ホールデン「ヨットハウス」1985年

図7　フューチャー・システムズ
「ローズ・クリケット場メディアセンター」1994年

とめられた。

1　アルミニウム合金の特性を生かした住居であること（第一層）

「実験住宅アルミエコハウス」では、住まいを構成する建築要素を、可能なかぎり部品化、工場生産化し、現場作業は最小限の組立作業に限定する。アルミニウムの加工性、軽量性、高精度性を生かしながら、単純な作業で組立可能な構法を考案し、工期を大幅に短縮する。これによって在来木造と同程度の技術で建設できるようなシステムをデザインする。構造は耐震要素（偏心ブレースや耐震壁）を組み込んだ軸組構造とし、構造部材はアルミニウムの加工性を生かした、押出形材を開発する。外壁、開口部、屋根は断熱性能の高いパネルとし、外側から構造体を包み込むように取り付け、ヒートブリッジ（熱橋。熱伝導率が高いために熱が内外に流れ易くなる箇所。建物の熱負荷を大きくする原因となる）を解消する。

アルミニウムの全面的な使用は、住居のリサイクル性を高め、環境負荷を抑えることも期待される。アルミニウムはリサイクル資源としてはきわめて効率的な材料だからである。したがって解体とリユースが可能な、乾式構法による組立方法を実現することも重要な目標である。

2　エネルギー効率のよい住居であること（第二層）

これからの都市住居は、消費エネルギーを最小限に抑えるだけでなく、自然エネルギーを最大限に利用することが必要である。「実験住宅アルミエコハウス」では、断熱・気密性能を、今まで以上に向上させるとともに、日本の伝統的な軒下空間を現代的にデザインした屋外室や、太陽電池システムを組み込んだダブルスキン（二重皮膜）の屋根やルーバーによって、日射や通風を制御し、冬期のダイレクトゲインを最大限に利用する平面計画や構法を提案する。さらに水の蓄熱性と自然対流を利用した床暖房システムを試みる。これは住居全体の熱容量を高め、室内気候を安定化させるだけでなく、アルミニウムの熱伝導率の高さと相まって、アルミニウム部材への結露を防ぎ、構造体の防火性を高めることが期待される。エネルギー源については、太陽

図8　難波和彦+界工作舎「実験住宅アルミエコハウス」1999年

電池の効率的な運用、水蓄熱床暖房との組み合わせといった条件を考慮して、電力を中心としたシステムを構築する。

3　新しい家族像にふさわしい住居であること（第三層）

近未来の家族においては、家族のメンバー相互の関係は緩やかになり、メンバーそれぞれの自立性が強まるようになるだろう。同時に、それを補完する家族相互の暗黙のコミュニケーションが求められるようになると予測される。「実験住宅アルミエコハウス」では、こうした緩やかな家族関係にふさわしい住空間として、最小限の間仕切によって仕切られた「場」のような空間を提案する。これは家族のメンバーが緩やかに囲まれた各人のコーナーを持ち、プライバシーを守りながら、互いの気配が感じられるような一室空間的な住居となるだろう。間仕切は、家族構成の変化に応じて簡単に移動することができるようにしつらえられる。

4　都市と社会に開かれた住居であること（第三層と第四層）

家族のメンバー相互の関係が緩やかになることに並行して、家族と社会の関係も、緩やかに開かれたものになるだろう。これに対応して、プライバシーを守りながら都市に対して開かれた住空間になるだろう。そのための媒介空間として、「実験住宅アルミエコハウス」では屋外室を積極的に活用する。屋外室は、住空間の一部として、屋外生活を楽しむ空間であるとともに、住まいを柔らかく外に開くための緩衝空間である。これによって、密集地域においても、開かれた住まいが可能となるだろう。さらに屋外室のような媒介空間を、住居の一部に取り込むことによって、一戸建て住居としてはもちろんだが、連続住居への展開や、屋外室付きの立体的な集合住宅への展開も可能になるだろう。

5 新しいイメージと表現をもった住居であること（第四層）

アルミニウムは金属でありながら、木材のような柔らかさを備えている。「実験住宅アルミエコハウス」では、そのようなアルミニウムの現代的なテクスチャーを最大限に生かしながら、伝統的な住居イメージを脱却した、軽快で透明な空間をめざす。アルミニウムの柔らかな外装、単純な形態、ダブルスキンと屋外室といったデザインボキャブラリーは、住居デザインに新しい近未来的なイメージと表現をもたらすだろう。

実施設計の展開

最初に検討したテーマは、構造システムと機能システムとの関係である。プロトタイプ住居は、どのような敷地にも対応できる汎用システムを持たねばならない。構造体やシェルターの構法を標準化しながら、同時に平面計画のフレキシビリティを確保するには、軸組構造（フレームシステム）が最も合理的である［図9］。部材の再利用やリサイクルも重要な条件だが、そのためにも解体が容易な軸組構造がふさわしいことは明らかである。「箱の家シリーズ」も、木造、鉄骨造、集成材造のすべてが軸組構造である。近代建築史の中でも、さまざまなプロトタイプ住居が提案されたが、その多くが軸組構造を採用している。軸組構造は、必然的に箱形のデザインに帰着する。これが箱形を採用した第三の理由である。

次に考えなければならないのは、構造寸法と機能寸法との関係、すなわちモデュールの問題である。モデュールとは、構造スパンや部品寸法を調整する寸法系列(ルールを持った数列)のことである。モデュールを設定する理由は、オープン化された多様な工業部品のサイズを相互に調整し、ひとつの建築空間にまとめ上げることにある。グリッドプランもその一種だが、それだけがモデュールではない。比例を重視したル・コルビュジエのモデュロールのような数列もある。モデュールの問題は単なる寸法の問題に限られない、もっと深い建築観に根ざしている。

室内にまったく構造体が存在しなければ、最もフレキシブルな平面計画が可能だが、軸組構造のスパンにも合理的な限界がある。逆に、合理的なスパンであっても、平面計画のフレキシビリティが阻害されたのでは意味がない。構造の種類別に合理的なスパンが存在するはずである。私が設計している「箱の家シリーズ」(『進化する箱』TOTO出版、二〇一五年)では、木造が一・八×三・六メートル、鉄骨造が三・六×五・四メートル、集成材造が一・八×五・四メートルという基本モデュールが設定されている。これは構造の種類毎に、住空間にふさわしい部材の断面サイズを設定し(最大一五×三〇センチ)、その組み合わせによって可能な合理的なスパンと、平面計画の基準寸法(三・六メートル)とを調整して得られたものである。もちろん、このモデュールを、実際の建物に適用する場合には、敷地に合わせて細かな調整を行わなければならない。同じような検討を、アルミニウム軸組構造に関しても行った結果、三・六×三・六メートルのモデュールがふさわしいことが明らかになった。正方形のグリッドとしたのは、方向性がない方が、標準構造部材の種類を少なくできるからである。

次のステップは、モデュールにもとづいて、プランのヴァリエーションを展開させることである[図10]。敷地については、「箱の家」のデータから、都市近郊の一戸建住宅の平均的な敷地面積を二五—四〇坪(八〇—一三〇平方メートル)、建ぺい率を六〇—八〇パーセントと想定し、建築面積一六—二四坪を規模の目安とした。敷地形状は正方形、南北に長い長方形、東西に長い長方形の三つのタイプを想定した。家族構成は、夫婦と子供一人の三人家族から、夫婦と子供二人に老人一人が同居する五人家族までを想定し、駐車場は住居には組み込まないことにした。さらに独立住宅としてだけでなく、集合化が可能であることも条件に加えた。こうして得られたプランヴァリエーションについて、自然エ

図 9　実験住宅アルミエコハウスのフレーム

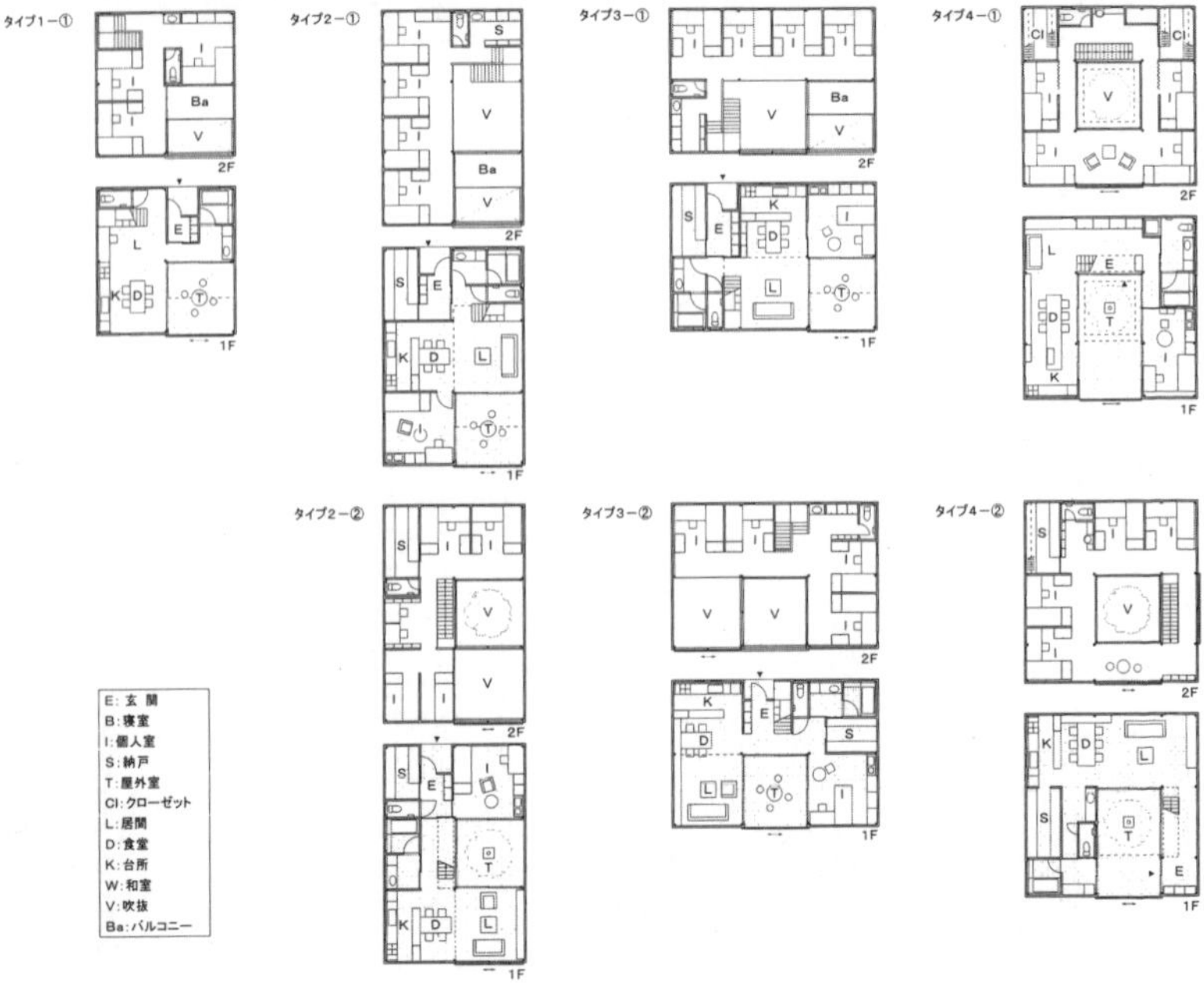

図 10　実験住宅アルミエコハウスのプランヴァリエーション

ネルギーをいかに有効利用するかといった視点から、太陽電池やＯＭソーラーシステムなどの組み込みも検討している。

こうしたスタディのなかから浮かび上がってきたのが、中庭タイプのプランである。当初のプログラムにもあるように、すべてのプランヴァリエーションには、屋外室が組み込まれている。屋外室とは、「箱の家」の軒下空間の展開形であり、直射日光や自然通風をコントロールし、プライバシーを制御する媒介空間である。屋外室は約八畳の広さを持ち、住居の一部に組み込まれた部屋のような空間で、屋外の生活を楽しむ場所である。屋外室のアイディアはル・コルビュジエの初期の集合住宅計画である「イムーブル・ヴィラ」に起源がある。中庭タイプは、この屋外室を完全に住居内部に取り込んだプランである。屋外室の周囲に、耐震要素である偏心ブレースを組み込んでいることから、オープンコア・タイプと名づけられた。

プロトタイプ住居をオープンコア・タイプでまとめることが決定され、続いて構造部材をはじめとする構成材のデザインに着手した。外壁、屋根、床には厚さの異なるアルミニウム断熱パネルを使うこととし、熱容量を確保するために、二階床下に水蓄熱式床暖房（アクアレイヤー・ヒーティング・システム）を組み込むことが提案された［図11］。

居住実験と解体実験

実験住宅アルミエコハウスは一九九九年十月に完成した。完成直後から、実際に人が住み、決められた生活メニューを行う生活シミュレーションに並行して、室内環境の測定と居住実験が実施された。宿泊した人たちのアンケート調査によれば、居住環境はおおむね良好だった。とくに断熱性と気密性の高さによる効果は大きく、居間に取り付けた五キロワットのヒートポンプエアコン一台によって、一階全体を暖められることがわかった。屋外室の居住環境も良好で、中間期には、サッシを開け放つことによって、一室的に使えることが好評だった。遮音性については、当初予想されたことだが、問題を残すことになった。アルミニウム断熱サンドイッチパネルの遮音性が、きわめて低いため、室内側にフレキシブルボード八ミリ厚を張ったが、それでも十分な遮音性を確保することは難しかった。二階床に組み込んだ水蓄熱式床暖房が、居住環境に及ぼす効果の評価は、中間期の一〇月から冬初期の一二月の間はアクアセル

太陽電池パネル

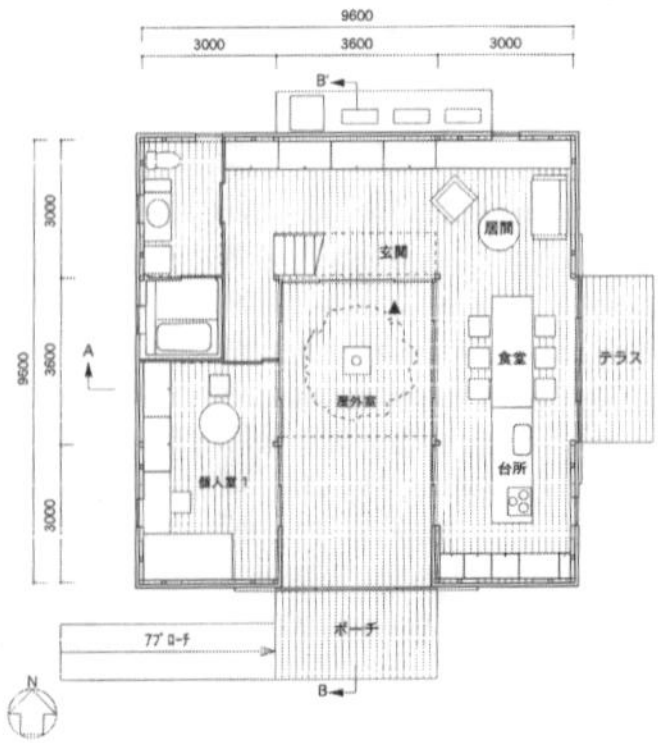

1 階平面図

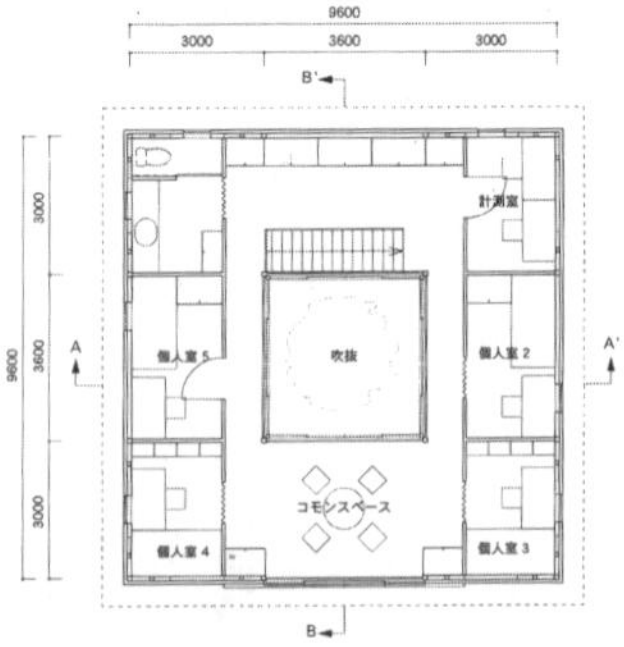

2 階平面図

A-A' 断面図

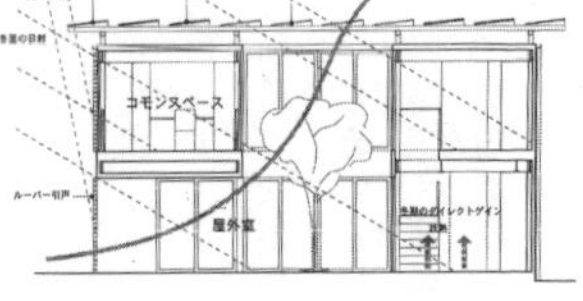

B-B' 断面図

図 11　水蓄熱式床暖房（アクアレイヤー・ヒーティング・システム）

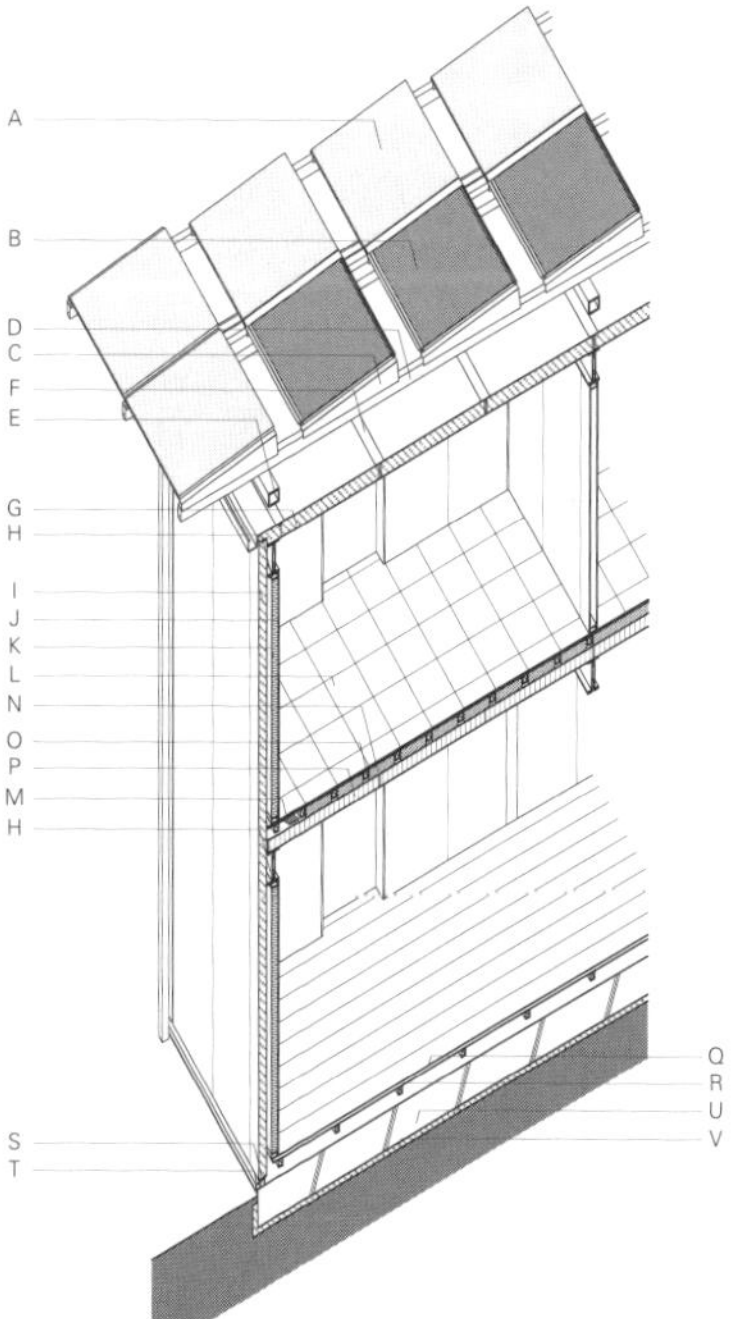

A　アルミパンチングメタル　厚 2mm
B　太陽電池パネル
C　取り付け金物　アルミ PL　厚 2mm 加工
D　アルミ垂木　□-100 × 50 ×厚 2.5
E　アルミ母屋　□-100 × 100 ×厚 7
F　アルミ防水テープ（アスファルト防水材裏打）
G　アルミ断熱屋根パネル　厚 120mm
H　梁　アルミ押出形材　250 × 100
I　アルミ断熱壁パネル　厚 75mm
J　フレキシブルボード　厚 8mm
K　吸音材　グラスウールボード　32kg/m3
　間仕切フレーム　アルミ　□-60 × 40 ×厚 2 @ 600
L　コルクタイル　厚 5mm
　下地　制震マット　厚 6 ＋ F1 合板　厚 9
M　配管・配線スペース
N　アクアレイヤー　厚 90mm
O　アルミ根太　□-60 × 40 ×厚 2 @ 300
　防振ゴム　@ 900
P　アルミハニカム床パネル　厚 100mm
Q　M ウッド　厚 35mm
R　アルミ根太　□-60 × 40 ×厚 4 @ 600
S　スクリード（レベル調整断熱材）
T　アルミ水切
U　ベタ基礎　厚 300
V　発泡断熱パネル　厚 50

断面アクソメトリック図

に注水せず、建物の熱容量がきわめて小さい状態で、主にアンケート調査を中心に居住環境の評価を行った。一月の厳冬期になってから床下のアクアセルに注水し、ヒーターの発熱時間と水温を所定のプログラムにしたがって変化させながら、居住実験を実施し、室内外の約一三〇か所において、温度、湿度、輻射、風速などについて経時的な環境測定を行った。居住実験は二年間継続され、熱的な性能は問題なく解決できることが証明された。残された問題は、遮音性とコストであることが判明した。

実験住宅アルミエコハウスは、完成してから七年後の二〇〇六年九月に、解体と再組立の実験が実施された［図12］。「実験住宅アルミエコハウス」は解体とリユース・リサイクルを見込んで設計されていた。当初の計画では、すべての実験が終了した後には、解体移築が予定され、実際に何人かのクライアントから譲り受けを希望する申し出があった。しかしながら、経産省（NEDO）の補助を受けて実施された研究だったため、民間への払い下げは許可されず、しばらくの期間放置されていた。二〇〇四年になって、解体実験の実施を条件に、東京大学に譲渡されたが、東京大学側では最終的な移築場所と移築費用が決まらず、再び二年間のブランクが生じた。二〇〇六年度になって、ようやく国の予算が付き、解体実験が実施されることになった。本来ならば、解体実験だけでなく、ほかの場所への移築実験までが実施されるはずだったが、残念ながら今回は解体だけに止まり、アルミ部材のリユース実験を実施することはできなかった。

このように、解体実験に至るまでには、紆余曲折の経緯があった。通常、建物の新築に関する研究については、ほとんど問題が生じないが、解体やリユース・リサイクルに関する研究については、国の制度だけでなく、民間の研究体制も、十分に整備されていないのが現状である。今回の解体は、おそらく日本で初めての本格的な解体実験であろう。先にも述べたように「実験住宅アルミエコハウス」では、家具や設備から構造部材にいたるまで、すべての建築材料が工業部品化され、ボルトやネジを使った乾式構法によって組み立てられている。一部、外壁断熱パネルや屋根断熱パネルのジョイント部にシール材を用いた箇所では、解体作業が難航し、パネルを傷つけたため、再利用が難しくなった。乾式構法の徹底は、リサイクル・リユースに不可欠の条件であることが、あらためて実証された。解体作業は、建設手順をそのまま逆に辿るかたちで進められた。解体された部品は、部位ごとに分類され、建物脇の空地に並べられた。現在の建設業界には、このような解体作業を専門とする業者は存在しない。通常の解体業者は、せいぜい分別ゴミへの仕分けができる程度で、部品のリユースを目的とした精細な手順の解体作業を依頼するのは無理である。本来ならば、建設した業者が解体を担当するのが最も効率的なのだが、現代の建設業界では、建設業者と解体業者の仕事の範囲は、明確に区分されている。このような棲み分けは、当然コストとも関係があるだろう。リサイクルやリユースを普及させるには、このような業界の再編成も必要である。今回の実験では、解体作業は、仮設の現場小屋の建設業者に依頼した。仮設現場小屋は、リユースを前提に建設されるからである。

解体作業に立ち会ってわかったことは、建築部品を無傷

図 12　実験住宅アルミエコハウスの解体

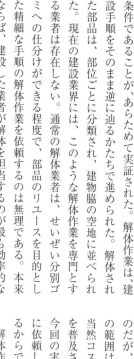

で解体するには、単に構法を乾式にするだけでなく、建設手順を正確に逆に辿ることの重要性である。最後に組み立てた部品から解体を始めないと、何割かの部品が使いものにならなくなる。そのためには、建物の建設手順の記録（履歴書）が必要である。建物の履歴書は、解体移築に限らず、リノベーション（改築）やコンバージョン（用途変更）でも、不可欠の資料であることがあらためて確認された。

普及版アルミエコハウス「箱の家〇八三」への展開

実験住宅アルミエコハウスの居住実験によって得られた検証結果は、二〇〇四年に完成した普及版アルミエコハウス「箱の家〇八三」［図13］に全面的にフィードバックされている。

二〇〇二年五月に建築基準法が改正され、アルミニウム合金が建築構造材料として正式に認定された。さらに二〇〇四年五月に、国土交通省からアルミニウム合金構造に関する通達が出され、アルミニウム構造を一般的な確認申請手続によって審査することが可能になった。これによって、それまでは大臣認定（いわゆる「三八条認定」）を受けなければ実現できなかったアルミニウム建築が、一般化する道が開かれた。定められた規定に従えば、誰もがアルミニウム構造の建築を設計できるようになったのである。

「箱の家〇八三」は、通常の確認申請手続きによって実現した日本で最初のアルミニウム住宅である。この建築では、ジョイント金物を亜鉛メッキしたスチール製に変え、階段も鉄骨造に変えられている。外壁は、アルミニウム断熱パネルに代えて、新しく開発した合板の断熱サンドイッチパネルを用いることによって断熱性能を確保しながら重量を増やし、遮音性能も確保している。日射による輻射熱の遮断のための屋根のダブルスキンは、屋根断熱パネルの上に小屋組を浮かせ、空気層を挟んだ薄いダブルスキンに代えている。外壁は断熱パネルの外側に薄い通気層を通し、アルミニウムのサイディングを張ったダブルスキンである。このような一連の構法の改良によって、通常の鉄骨造住宅程度にまでコストを下げている。

アルミニウム建築の可能性

構造体をアルミニウムでつくりながら、ヒートブリッジをなくし、室内の熱的性能を確保すること。接着剤やシールを使用せず、すべての部品を乾式構法によって組み立て、リ

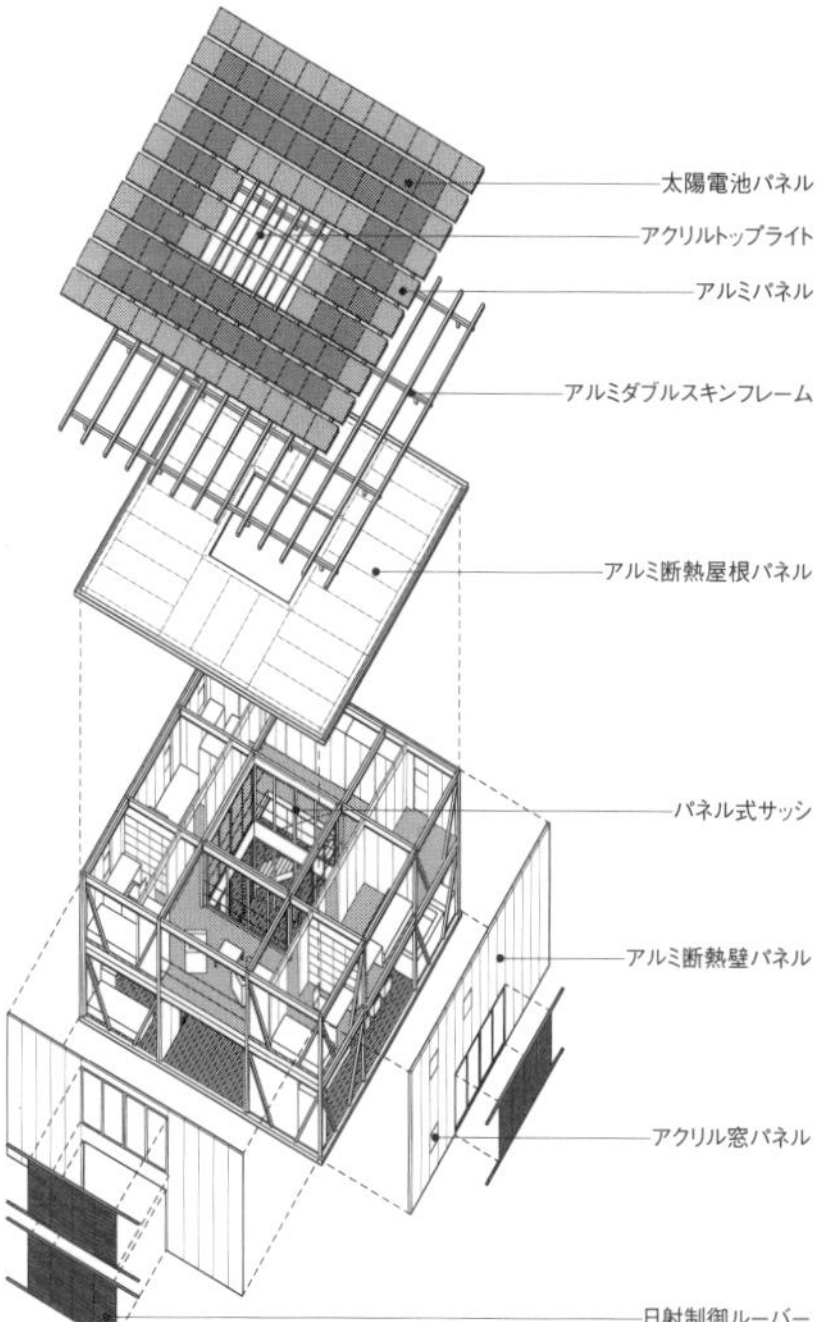

図 13　難波和彦+界工作舎
「箱の家 083」2004 年
上：外観
左：組み立てアクソメトリック図

サイクル・リユースに備えること。竣工図面だけでなく、建設プロセスを含む、建物の精細な履歴書を残すこと。これが今後のアルミニウム建築に要求される課題である。

これを解決するには、二つの対照的な方法がある。ひとつは、構造体を外部に露出させ、室内を断熱材でくるむ方法である。この場合は、構造体を面材で構成し、シェルターと兼用することが可能になる。これは航空機、自動車、列車などに使われているモノコック方式の考え方である。しかしこの方式には、重大な問題がある。外壁にアルミニウムの構造体が露出するため、ヒートブリッジができやすい点である。自動車や鉄道車輌では、構造体から熱的に切り離された内装が行われているが、ヒートブリッジを完全に防ぐことは難しい。したがって閉じた部屋では、十分な空調が不可欠となる。自動車や鉄道車輌では、一人当たりの気積が小さいので、それほど大きな問題とはならないが(室内の温度分布には問題が生じるが)、大きな気積を持つ建築で、同じような室内環境を保とうとすると、空調に大きなエネルギーが必要となる。熱的性能を確保することを優先すれば、建築にモノコック方式を使うには、多くの解決すべき問題が残されている。

一方、ヒートブリッジを防ぐ最も有効な方法は、構造体を断熱材によって包み込んでしまうことである。これは今まで高層ビルで使われてきたカーテンウォール方式と同じであり、モノコック方式に比べると、新規性に欠ける嫌いがある。この方式をとるには、構造体とシェルターを完全に分離する必要がある。この方式を徹底していけば、構成材は機能毎にすべて部品化され、それぞれが独自の表現を持つことになる。

このようにアルミニウム技術の特性を利用するか、熱的性能を優先するかによって、二つの対照的な構法がありうる。現段階で、二つの方式のどちらがよいかという判断を下すことは難しい。建設プロセスにおいても、両者それぞれに、さまざまな技術的問題が発見された。前者は、近代建築で一般的に用いられてきた方法であり、後者は近来の工業デザインで用いられている方法である。前者はモダンな方法、後者はポストモダンな方法といってもよい。それぞれに一長一短があり、どちらが有利かは一概に判断できない。前者はすでに多くの実例があり、熱的性能の予測が比較的容易だが、新規なシステムではない。後者には、技術的に解決しなければならない多くの問題が潜んでいるが、これまでの建築とは異なる新しい空間が実現できる可能性がある。現在アルミニウム建築は、こうした対照的な二つの方法にもとづいて、二つの方向に分岐し、並行して進められている。

アルミニウム建築を実現するには、熱の問題以外にも、解決すべきさまざまな課題がある。先にも述べたが、アルミニウムは軽くて堅い材料であるために、遮音性能が低い。特に外壁のサンドイッチパネルは、低音に対する遮音性が極度に低いため、室内側に吸音材と、比較的重量のある仕上げパネルを張る必要がある。さらに、建物重量が極度に軽く（四〇キロ／平方メートル以下である）、アルミニウムのヤング係数がスチールよりも小さいため、強度の問題はないにしても、揺れの問題が生じる可能性がある。アルミニウムは鉄よりも柔らかいため、建物全体の固有振動数が小さくなり、歩道橋を渡るときのような揺れを生じるのではないかという恐れである。アルミニウムはリサイクルが容

図14　難波和彦+界工作舎
「アルミ・スケルトンインフィル」2005年

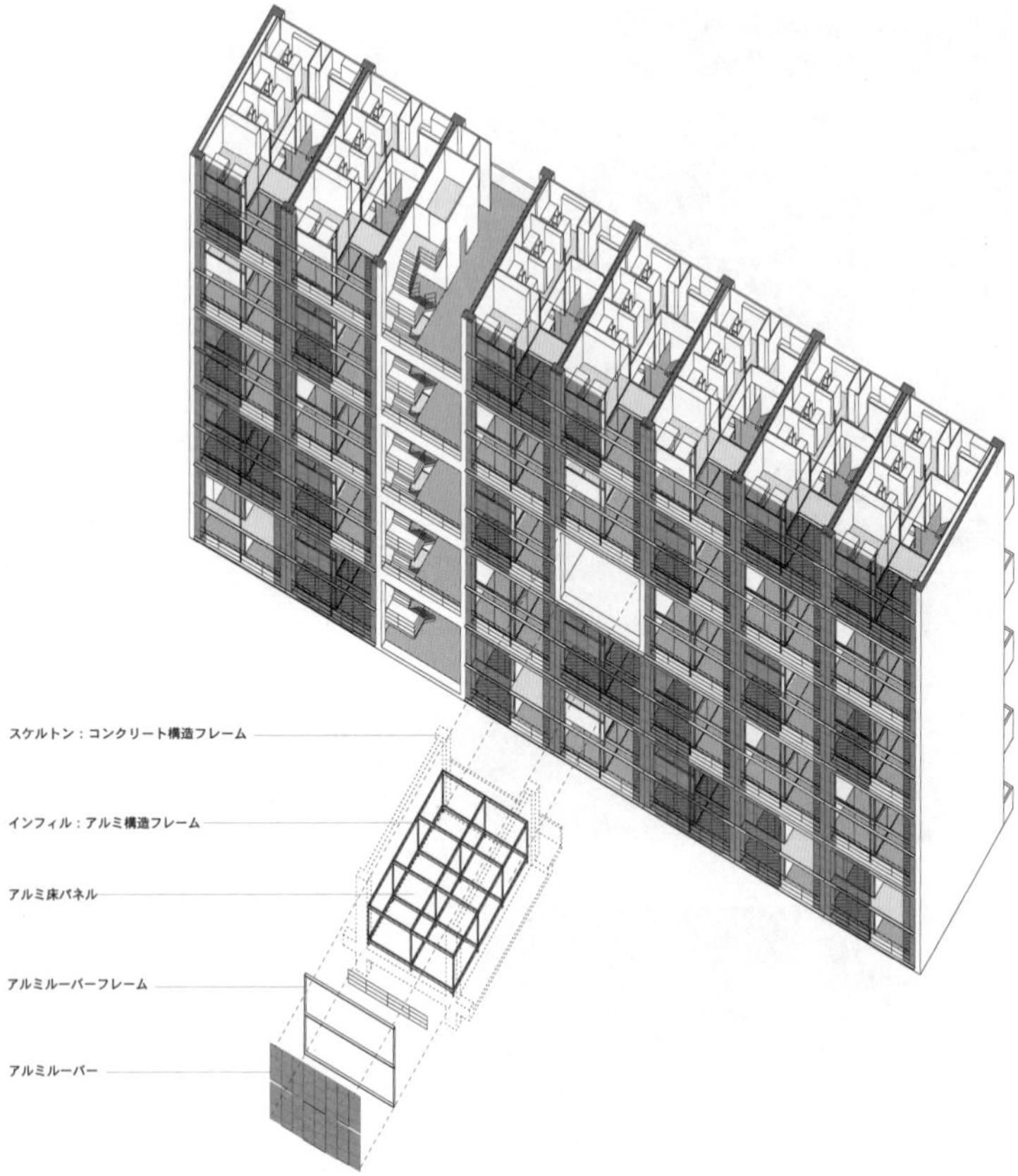

図 15　「アルミ・スケルトンインフィル」アクソメトリック図

易な材料だが、リサイクル・アルミニウムだけで、すべての建材をつくることができるわけではない。アルミニウムの使用量が増えれば、ヴァージン・アルミニウムが必要とされる。ボーキサイトからヴァージン・アルミニウムを精錬する際には、莫大な電力を必要とする。一方、リサイクルに必要なエネルギーは、ヴァージン・アルミニウムの精錬に必要なエネルギーの約三パーセントにすぎない。したがって、リサイクル・アルミニウムの比率を増やし、ヴァージン・アルミニウムを最小限に抑えていくことは、今後の大きな課題だといってよい。

これらの可能性を総合的に考えると、ひとつの大きな可能性が見えてくる。アルミニウムをスケルトン・インフィル・システムのインフィルの構法に使用する方法である［図14］。この構法は、スケルトンは鉄筋コンクリートや鉄骨造によって建設し、そこで構造的な強度や遮音性能を確保した上で、住戸内部をアルミニウムの軸組構造によるＤＩＹ(Do it Yourself)システムで作ることができる。これはアルミニウムの精度の高さと軽量性を最大限に生かす構法だといってよい。軽さと精度を生かし、アルミニウムを適材適所に使うことが、近未来のアルミニウムの可能性である。

［注］

1 Jules Gabriel Verne, *De la Terre à la Lune*, 1865. Jules Gabriel Verne, *Autour de la Lune*, 1870.（ジュール・ヴェルヌ著、高山宏訳『月世界旅行――詳注版』筑摩書房、一九九九年、ほか多数）

補論2　ミース問題——コンポジションとコンストラクション

本論では、ミースの建築における古典的な空間構成と鉄骨フレーム構造の関係の展開に焦点を当てる。鉄骨フレーム構造は当初は工場や鉄道駅のシェルター構法として発展したが、ミースはそこに伝統的な古典建築の構成概念を持ち込み、建築として統合した。その歴史的な経緯をミース建築における柱と皮膜の関係の変化としてたどってみたい。

近代建築史のなかで鉄骨造の建築をひとつの頂点へと導いたのは、いうまでもなくミース・ファン・デル・ローエである。しかしながらミースの建築には一種独特の語りにくさがある。ミース自身があまり建築について語っていないせいもあるが、それ以上に彼の建築には本質的に語られることを拒むようなところがあるように思う。それはたとえば難しく見えていた問題が、解けてしまえばごくありふれた解答であるような場合に似ている。そうした問題は解決された後にはもはや当初の難しさを実感することはできないし、それどころか問題が存在したことさえも忘れられてしまう。ありふれた解答から当初の忘れられた問題を再構成することは困難である。ミースの建築の語りにくさにも同じような構造がある。ミースの建築は誰にも真似できない高みに達している。しかし一方でそれに似た建築は世界中に無数に存在している。両者の差異は一般の人にはほとんど見分けがつかない。ミース論者はこの微細だが本質的な差異を指摘する。たしかに両者の間には乗り越えがたい壁がある。しかしミースの建築史的な意義はそうした傑出した特異性にだけあるのではない。むしろ無数のコピーを生み出すような一般性を持ったことがミースの建築史的な意義を確定したとも言える。ミースの建築の語りにくさはそのような特異性と一般性の共存に由来するように思える。特異性と一般性を兼ね備えていることを私たちは通常「普遍性」と呼んでいる。ミースの空間がユニヴァーサル・スペース（普遍的空間）と言われるのは、そのような意味においてである。

この小論で考えてみたいのは、ミースの建築に普遍性をもたらしている建築的問題、すなわち柱と壁あるいは皮膜の問題である。もちろんこれはミースだけの問題ではない。近代建築全体がこの問題をめぐって展開したといってもよい。たとえばル・コルビュジエが考案した鉄筋コンクリートによるドミノ・システムは、この問題に対するユニークな解答である。しかしル・コルビュジエにとってこの解答は出発点でしかなかった。これに対しミースにとってはこの問題は生涯をかけて取り組んだ究極的な問題だった。ミースは鉄骨フレームとガラス皮膜を用いてさまざまな解答を試み独自の解決に到達した。私はこれを「ミース問題」と名づけてみたい。

バルセロナ・パヴィリオンまで――皮膜の発見

ミースが柱と壁の関係という問題の決定的な重大性に気づくのはバルセロナ・パヴィリオン（一九二九）においてである。たしかにそれ以前にもフリードリヒ街オフィスビル案（一九二一）［第三章図26］、鉄とガラスのスカイスクレーパー案（一九二二）［第三章図27］、鉄筋コンクリート・オフィスビル案（一九二三）において柱と壁の問題に取り組んだといわれている。しかしこれらは実現を前提とした建築ではなく、特定のテーマを追求した計画案である。オフィスビル案では鉄筋コンクリートのフレーム構造の可能性が追求された。しかしその後ミースはこのテーマを積極的に展開させてはいない。一方、二つの高層ビル案ではミースは骨組とガラス皮膜を追求しているように見える。これらの計画案についてミースはこう言っている。

> スカイスクレーパーはその建設中に大胆な構造躯体を露呈している。その時にこそ巨大な骨組は圧倒的な印象を与える。一方、外壁が取り付けられるとこの印象は消え、すべての芸術的設計の基盤である構造的性質は否定される。（中略）これらの建物の構造原理は、われわれが外壁に非耐力ガラスを使うことで明確になる。ガラスの使用によって新しい道が開ける。[1]

この文章からすると、すでにミースは柱と皮膜の関係に自覚的であったように思える。しかしそのような解釈は後にミースが達成した建築的解決から遡った事後的な読みにすぎない。たしかにミースは骨組に言及してはいる。しかし二つの計画案の平面図[図1・2]に柱はまったく描かれていない。フードリヒ街オフィスビル案の透視図にも骨組は表現されていない。かろうじて柱の存在が読み取れるのは、鉄とガラスのスカイスクレーパーの模型においてである。この模型をつくるために柱の配置をスタディしたと思われるスケッチ[図3]が残されているが、柱配置から曲面ガラスのかたちが導き出されたような形跡は見られない。むしろ曲面ガラスの方が先行し、それに適合する柱配置が案出できなかったために、最終図面から柱は排除されたのではないか。この点からも当時のミースの興味の焦点が骨組にあったのではないことが傍証できるだろう。さらにこの計画以後しばらくの間は、ミースがこのテーマを追求しつづけた形跡も見当たらない。ミース自身も語っているように、二つの高層ビル案において彼が追求したのは、骨組よりも新しい外装材としてのガラス皮膜の透明性と反射性という視

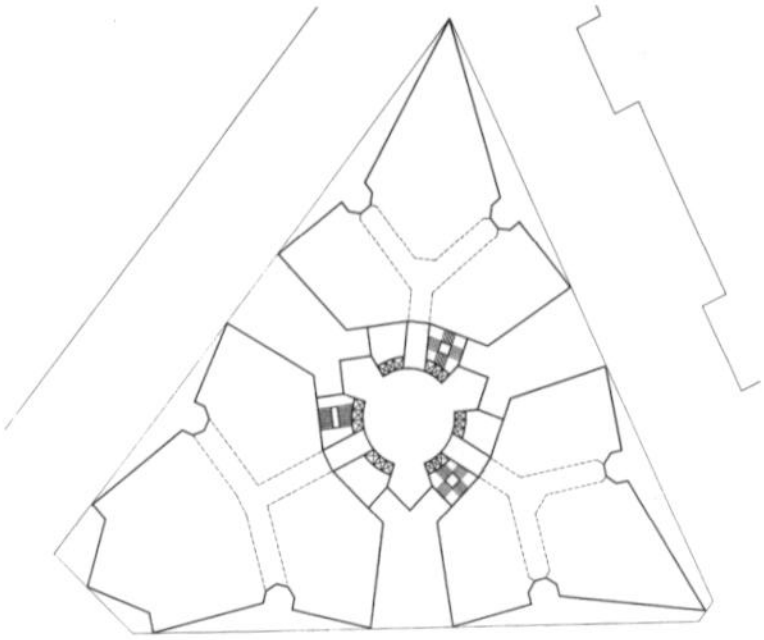

図1 「フードリヒ街オフィスビル案」平面図

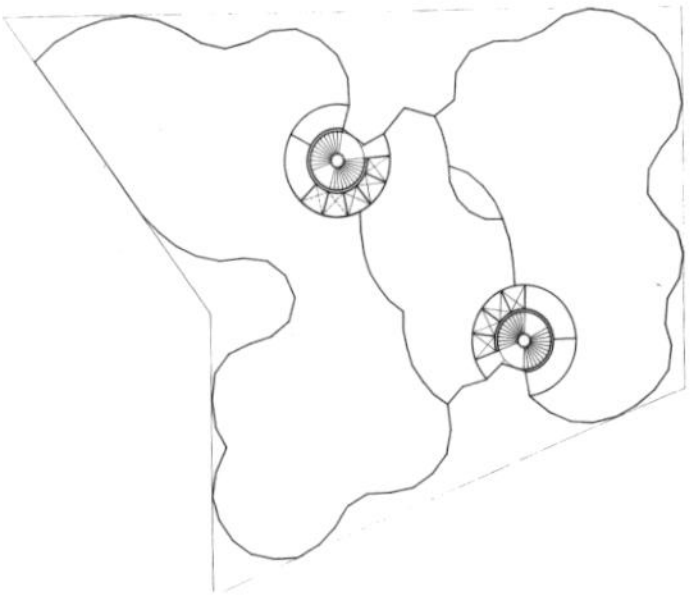

図2 「鉄とガラスのスカイスクレーパー」平面図

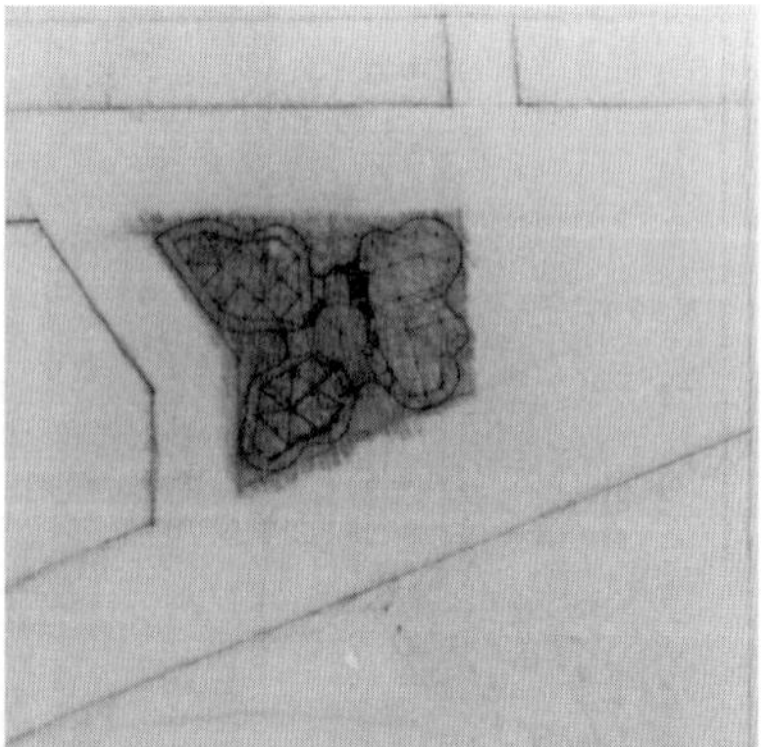

図3 「鉄とガラスのスカイスクレーパー」
柱の配置のスケッチ

図4 「ワイゼンホーフ・ジードルンクのアパート」1927年

覚的な効果であった。骨組はガラス皮膜を浮き立たせるための手段としてとらえられていたように思われる。

この点はミースが初めて鉄骨フレームを用いて実現させたワイゼンホーフ・ジードルンクのアパート（一九二七）［図4］についても同じである。この建築では骨組の痕跡がわずかに外壁に現れているにすぎない。しかしこの建築を通してミースは骨組構造の可能性に気づいたのではないかと思われる。その後ミースはベルリンのアダム・ビル（一九二八）、シュツットガルト銀行（一九二八）、アレクサンダー広場（一九二八）といった設計競技において、骨組と皮膜による建築の可能性を追求している。これらはすべて抽象的な箱型の建築であり、かつての高層ビル案のような表現主義的な傾向は払拭されている。こうした一連の試みがバルセロナ・パヴィリオンでの決定的な飛躍へのスプリングボードとなったことは間違いない。

バルセロナ・パヴィリオン（一九二九）——柱の発見

バルセロナ・パヴィリオンは仮設建築物である。これはバルセロナ万博のドイツ館として建てられたものであり最初から解体を前提にした建築だった。さらにこの建築は特定の用途のために建てられたのではなく建築自体がひとつの展示品だった。これらの点はあまり注目されていないが、この建築を理解する上で重要な条件である。建設の企画がかなり遅い段階で決定されたために設計期間はきわめて短かったらしい。ミースは時間をかけて設計するタイプの建築家だったから、最終案が決まる前に着工に踏み切らざるをえなかったと言われている。このような特殊な条件の下につくられた建築が、近代建築を代表する傑作として認められることになったのは歴史の皮肉というしかない。

この建築の焦点は十字形の鉄骨柱によって支えられた水平の屋根スラブと、自立する壁とガラスのスクリーンによって仕切られた流動的な空間にある。この点が近代建築の空間概念を純粋な形で表現しているとみなされる最大の理由である。建物全体は地面よりも一段高い基檀の上に持ち上げられ、そこにプールが掘り込まれている。工業材料と伝統的な素材が対比的に使われている点も注目される。十字形の鉄骨柱は四本のアングル材を組み合わせクロムメッキした鋼板によって覆われている。床はすべてトラバーチン版敷きで目地が強調され、天井は漆喰塗りのシームレスな面である。自立壁にはトラバーチン、緑色大理石、縞瑪瑙といった高価な石が貼り分けられ、スクリーンのガラスも透明、灰色、暗緑色、乳白色の四種類が使い分けられている。このように仮設建築物とはいえ当時としても破格に高価なパヴィリオンだった。

残されたスケッチによれば、ミースは最初の段階ではこの建築を壁構造で考えていたらしい[図5]。当時のミースが実施設計を手がけていた住宅はすべてレンガ造だった。さらにミースはフランク・ロイド・ライトの流動的な空間や、アヴァンギャルドの仲間であるデ・スティル・グループが追求していた自立する壁による開放的な空間に大きな影響を受けていた。したがって壁構造でスタートすることは自然のなりゆきだったといってよい。しかしあるとき、突然に柱が出現する。ミース自身はそれを「新しい原理の発見だった」と言っている。柱は最初六本だったが最終的には八本となった[図6]。一時は壁と柱の両方で屋根を支える案も検討されたが、最終的には柱だけで屋根を支え、構造から開放された自立壁とスクリーンが自由に空間を限定するという近代建築の空間概念を純粋に表現した建築となった。以上がこの建築についてのこれまでの通説的な説明である。

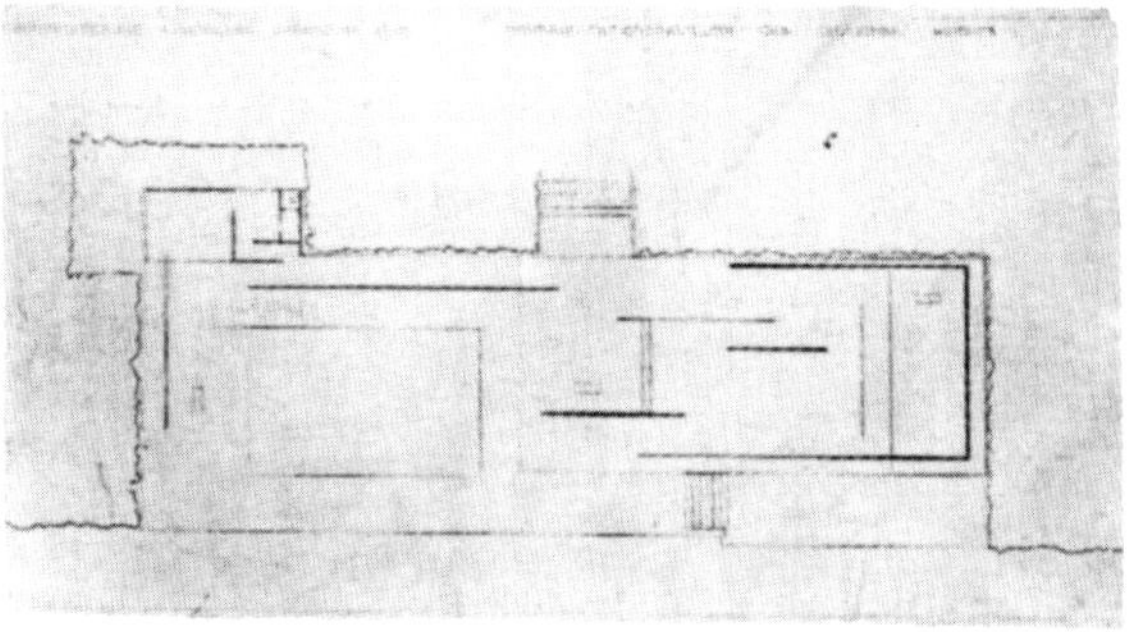

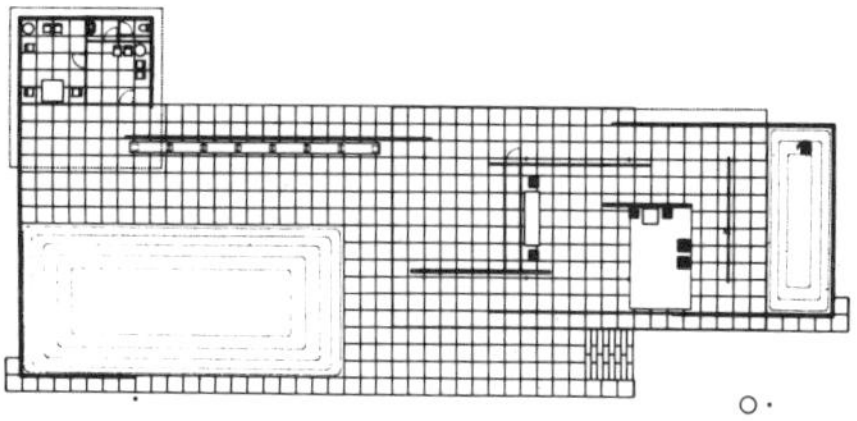

上：図5　初期段階のスケッチ
下：図6　実施案の平面図

未完の建築――コンポジションとコンストラクション

ミースはこの建築について多くを語っていない。建築自体も解体され、部品類はドイツへの運搬途中に行方不明になってしまったといわれている。[2] したがって残された図面や写真から推量するしかないのだが、この建築にはいくつか謎がある。ひとつは屋根の構造である。一見するとこの屋根は鉄筋コンクリートスラブに見える。事実、多くの論者がそうだと信じ、ミース自身もそれを否定しなかった。しかし実際は鉄骨造だったのである（一九八六年に再建された際には高強度のRCスラブでつくられている）。工期がきわめて短かったことや、鉄筋コンクリートスラブでは荷重が重すぎるといった条件から鉄骨造が選ばれたのだと思われる。果たしてそれはミースの本意だったろうか。工業化をめざす初期の思想からすれば、鉄骨造は積極的な意味を持つかもしれない。しかし残された図面を見るかぎり［図8］、屋根の構造システムはとても明解とは言いがたい。雨水勾配をとるためと屋根スラブを薄く見せるために（屋根外周で二五センチメートル厚）かなり無理なシステムになっている。建方の最中の写真が残されているが［図7］、片持梁は仮設足場によって支えられている。会期中に最も跳ね出しの大きい屋根の先端が垂れ下がったという記録も残っている。自立壁にも疑問が残されている。本当に壁は自立壁で屋根を支えていないのだろうか。支えていないのであれば、表現上は壁と屋根を切り離すはずではないか。壁の配置は初期の壁構造案の痕跡を残している。さらに平面図を注意深く見ると、壁だけでは屋根を支えられないような位置に柱が配置されているようにも見える。建設中の写真を見ると、屋根梁はたしかに鉄骨柱によって支えられている。しかし工事中の片持梁を仮設足場で支えざるをえなかったように、八本の鉄骨柱だけでは屋根全体を支えきれなかったのではないかと思われる。何しろ柱からの片持ち跳ね出しは三メートル以上である。入口に近い最も大きい出隅の跳ね出しは四メートルに近い。会期中に垂れ下がったのはおそらくこの部分だろう。

施工図と思われる図面が残されている［図8］。この図面を詳細に見ると、自立壁の内部にも何本かの鉄骨柱が立てられているように見える。その位置は梁間方向の屋根梁と壁の交点、つまり片持梁を支える位置である。事務棟の壁内にも何本か鉄骨柱が立てられている。しかし屋根の載っていない部分の自立壁のなかには柱は見当たらない。したがってこの柱が屋根を支えていることは明らかである。ちなみに柱が立てられている壁は建物全体を統合するモデュール格子の上に乗っているが、それ以外の壁は格子からわずかに外れている。十字柱がモデュール格子に乗っているのは当然だと思われるかもしれないが、実は一部の十字柱の位置は格子の交点から微妙に外れているのである。モデュール格子は床に敷かれたトラバーチンの割付と一致しモデュール寸法は一〇九センチメートルである。一方、ガラス・スクリーンの単位寸法は一メートルである。両者のこの寸法の差が十字柱とガラス・スクリーンの位置の微妙なズレを生み出している。通常のフレーム構造であれば、まず柱の位置が基準モデュールを確定し、その後にモデュールにしたがって壁やスクリーンが配置される。しかしこの建築ではどちらが先行しているのかがはっきりしない。モデュール寸法が一〇九センチメートルで、ガラス・スクリーンの単位寸法が一メートルというのも奇妙な組み合わせである。これは石材とガラスのそれぞれの製作寸法から決められたのかもしれない。以上のような一連の事実は、壁構造を骨組構造に転換した痕跡のようにも見える。

もうひとつ奇妙なのは柱脚である。バルセロナ地方には

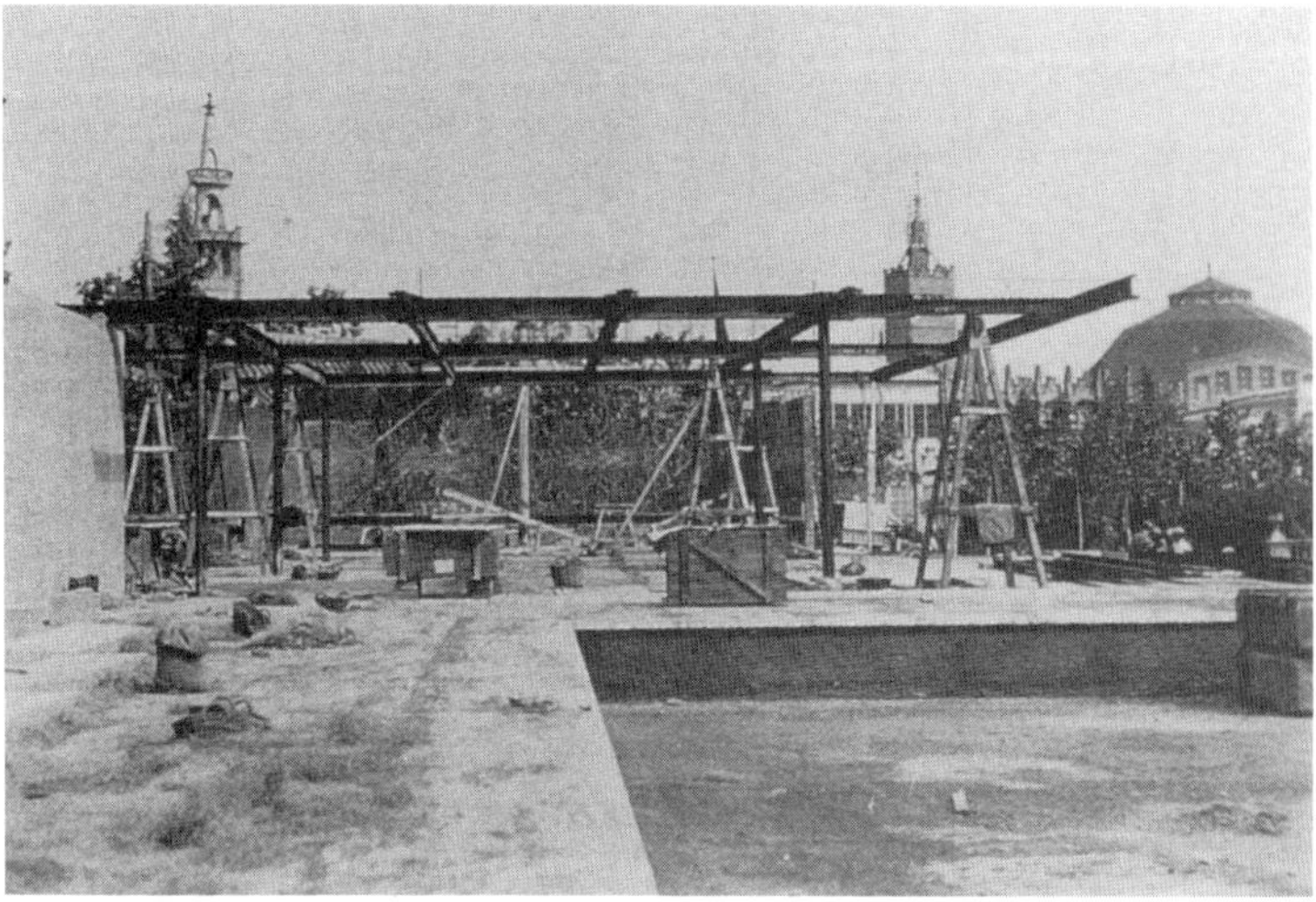

図 7　建方中の写真

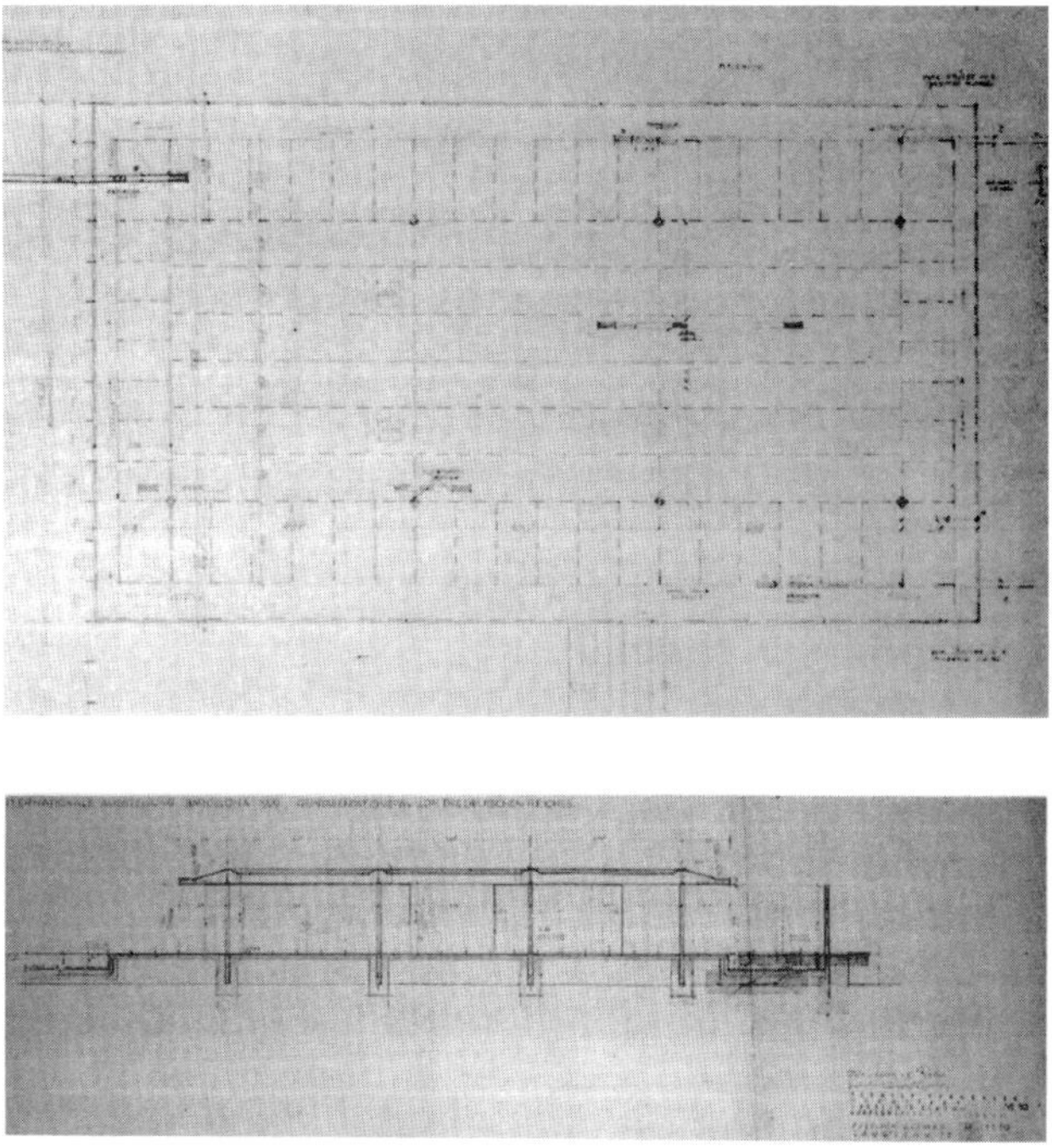

図 8　施工図

地震がないので鉄骨のフレーム構造は剛接（ラーメン）構造にしなくてもよいのだが、だとしてもトラバーチンの床に突き刺さっているように見えるディテールは奇妙である。実をいえば建物全体を持ち上げている基壇の下には人が入れるだけの空間があり、そこには柱の位置に合わせてRC造の束柱が配置され、柱はそこに埋め込まれている。つまりこの建築の柱は柱脚固定の床からの自立柱なのである。さらに床下から見上げるとトラバーチンの目地は空目地で光が入ってくる。一般的に基壇は建物全体に安定感を与える地盤的な要素なのだが、この建築では乾式構法の軽量なスラブになっているのである。仮設の展示場であったために採用された構法かもしれないが、ここにもミースらしい仕掛けを見ることができる。

近代建築史のなかでバルセロナ・パヴィリオンは近代建築の空間概念を完璧に体現した建築だと位置づけられている。しかしバルセロナ・パヴィリオンの構法は、その表現から連想されるような単純明快なシステムではなかった。実際のところそれは鉄骨のフレーム構造と壁構造とを組み合わせた折衷的な構造システムだった。つまりコンポジション（構成）とコンストラクション（構築）とは大きく食い違っていたのである。しかしそれは発見された「新しい原理」の可能性を、許されたわずかの期間内で探り出そうとする試みがもたらしたやむをえない結果だったように思われる。もっと時間が与えられていればミースはこの原理をクリアに発展させたはずである。この建築につづくチューゲントハット邸がそれを証明している。このようにバルセロナ・パヴィリオンは矛盾に満ちた建築である。言い換えれば、それは柱と皮膜という「新しい原理」の多様な発展の可能性を孕んだ未完成な建築である。そこに埋め込まれた矛盾と可能性がさまざまな解釈を呼び起こす点に、この建築の最大の魅力があるのではないかと私は考えている。

チューゲントハット邸（一九三〇）とコートハウスの研究——柱、壁、皮膜の分節

チューゲントハット邸［図9］の設計はバルセロナ・パヴィリオンと平行して進められていた。こちらは仮設建築物ではなく住宅である。設計期間も十分にあった。地下一階、地上二階建てである点もバルセロナ・パヴィリオンとは大きく異なっている。

この住宅では柱が構造体であることが明確に表現されて

図9　「チューゲントハット邸」1930年

いる。南向きの緩やかな斜面に建てられているために、北側には擁壁を兼ねた構造壁があるが、それ以外は完全な骨組構造である。柱はバルセロナと同じように十字形、クロムメッキ鋼板でカバーされているが、十字の先端は丸味を帯びている。同じように柱の近くに独立した間仕切が立てられてはいるが、バルセロナよりもずっと薄いスクリーンであり数も少ない。それはバルセロナほど支配的ではないし内外を貫通しているわけでもない。このために空間はバルセロナのように流動的ではなく、開放的で静的に感じられる。これはミースが「新しい原理」をさらに先まで追求した必然的な結果だと思われる。この住宅でもうひとつ注目したいのは、南面から東面に連続する広大なガラス面である[図10]。これは床から天井まであり、一部が電動で床下に収納できるようになっている。これも骨組構造の可能性を追求した結果であることは明らかだろう。

このように「新しい原理」を追求していけば、柱、皮膜、間仕切が完全に分節することは明らかである。そしてそれは最終的にはル・コルビュジエのドミノ・システムと同じになってしまうのである。フランク・ロイド・ライトはバルセロナ・パヴィリオンを絶賛したが、柱に関しては否定

図10 「チューゲントハット邸」南面のガラス面

的だった。ライトの評価はある意味で当たっていた。しかしそれはミースの意図とはまったく逆の意味、すなわち先にも述べたように柱の原理が十分に追求されていないという意味においてである。チューゲントハット邸を見れば、ライトはミースの意図をはっきりと理解したことだろう。いうまでもなくさらに否定的な評価を与えたに違いないが。当然ながらミースはバルセロナ・パヴィリオンとチューゲントハット邸の空間の質的な相違に気づいていたはずである。

チューゲントハット邸につづくベルリン建築展の住宅や一連のコートハウスの研究を見ると、バルセロナ的な壁の可能性と柱による「新しい原理」の可能性とを統合しようとする試みを読み取ることができる。平坦な屋根を支えているのは基本的には柱だが、ときにはレンガ造の構造壁が復活している。構造から独立した自立壁はやわらかく空間を限定し、その間に透明なガラス皮膜が差し込まれている。ちなみにチューゲンハット邸には南面の上下可動窓以外にも二つの新機軸が組み込まれている。ひとつは地下室に設置された空調機械室であり、もうひとつは東の外壁ガラス面の内側に置かれた薄い温室である。この住宅が建つチェコのブルノという都市はウィーンよりも北に位置しているので、当然ながら冬はかなり寒いが夏もそれなりに暑い。敷地はかなり広く周囲は緑で囲まれているが、建物周囲は空地なので夏の日差しはかなり強い。このため地下の空調機械室には冬の暖房装置だけでなく夏の冷房装置も組み込まれている。さらに東側に置かれた温室は夏の朝日を遮るスクリーンとしての働きも持っている。つまりミースはこの住宅を機構制御装置としても設計しているのである。

ヨーロッパ時代のミースの建築に総じて言えるのは、柱と皮膜という建築要素の発見によって、それまでの壁構造による空間を解体し、自由なプランと開放的な空間に向かっている点である。たしかにそこには柱、壁、皮膜をひとつの空間に統合しようとする試みが見られる。しかし依然として三つの要素はそれぞれ独立し自由に浮遊している。

アメリカ時代になると、ミースは三つの建築要素の統合をさらに推し進め、最終的にはそれらを合体させてしまう。

IITキャンパス（一九四〇）——柱・壁・皮膜の統合

一九三〇年代末にミースはアメリカに移住しシカゴに落ち着くことになる。アメリカでミースが最初に実現したのは新設されたイリノイ工科大学（IIT）のキャンパスの建築である。これはヨーロッパ時代の建築とは対照的な完全な箱型の建築である。この変化について歴史家のコーリン・ロウは次のように言っている。私の視点と重なり合う面も多いので長くなるが引用しよう。

一九二〇年代ミースは箱型の構成には興味を示さなかったが、ル・コルビュジエがインターナショナル・スタイルの空間の形成のために箱型の構成を用い、一九四〇年代に入るとミースの方がまったく違う目的をもって箱型の構成に接近していったというのは歴史の皮肉というものである。箱型がミースにとってひとつの固定観念になってしまうのは明らかに彼がシカゴに来てからのことである。この時になって初めて以前信奉していた空間秩序に対する反動の一端として箱型が出てくるのである。三〇年代の初頭を通じてミースは一九二九年から三一年にかけてのいささか拡散しす

> ぎた手法を徐々に簡明にしようと努めていた。（中略）ル・コルビュジエの柱の特徴は円形断面であったし、常に不変であった。ミースのドイツ時代の柱の特徴は円形あるいは十字形であった。しかし彼の新しい柱はH型になり、いまや彼の署名といっても良いようなI型鋼になったわけである。端的にいって彼のドイツ時代の柱ははっきりと壁や窓から分離され、空間の中に独立していたのである。一方彼の新しい柱は建物の外皮と一体となり一種の方立、あるいは壁の残滓としての機能を果たすようになった。従って柱の断面が建物の空間条件にある種の劇的な影響を与えなかったとは考えられない。円形ないし十字形の断面は柱から壁を引き離す性質を持った。新しい手法における断面形は逆に壁を柱に引き寄せる性質を持つ。[3]

きわめて説得力のある興味深い解釈である。しかし私にはどうしても歴史的結果から遡った逆遠近法的な読みに思える。ロウはミースのヨーロッパ時代とアメリカ時代を不連続に見ている。建築の形態を見ればたしかに大きく変化しているように思える。この点に関してはヨーロッパ時代にも箱型の建築があるという反証（アレクサンダー広場計画など）を挙げることもできる。しかしそれはここでの論点に本質的な関係はないだろう。

　いうまでもなく、結果から遡って要因を探ることは歴史解釈の宿命である。ただしあまりに明白な結果を検証の前提に置くことは説明として安易である。ロウの論文は初期近代建築の流動的な空間が後期には伝統的な古典主義建築に回帰していったこと、それを代表するのがミースであることを検証する目的で書かれている。たしかにそのような変化があったことは否定できない。しかしそれがミース自身の意図した変化であったかどうかはまた別の問題である。ミースは急激に路線変更ができるほど器用な建築家ではなかったと思われる。それはヨーロッパ時代の変化とりわけバルセロナ・パヴィリオンからチューゲンハット邸以後の変化を見ればよくわかる。私の考えではヨーロッパ時代からアメリカ時代の建築の変化はミース自身の内面の変化というよりも、むしろアメリカという環境の変化がもたらしたものだと思う。したがってそのような環境の変化に適応しながら徐々に変化していったミース自身の建築概念に注目すべきではないだろうか。

ＩＩＴキャンパスの初期の建築、鉱物金属研究棟（一九四三）〔図11〕や同窓会館（一九四五）〔図12〕では柱、壁、皮膜が一体化している。精確に言うなら前者では三つの建築要素は完全に同一面に置かれ〔図13〕、後者では耐火被覆した柱の外側に壁と皮膜が取り付けられている〔図14〕。しかしどちらの場合も基準モデュールは柱によって決められ、壁と皮膜の割り付けはそのモデュールに従っている。ミースがこのような解決に到達した要因は二つあると思う。ひとつは建物を実利的に評価するアメリカの文化的風土である。初期のミースは近代建築運動の方針にしたがって建築の芸術性を否定し技術的・機能的な建物を追求する姿勢を示していた。しかしヨーロッパでのミースのクライアントは基本的にブルジョアであったし、彼のつくる建築は芸術として受けとめられていた。一方ＩＩＴは公共的な建築であり予算もかぎられていた。ミースは実利的な面でも通用する解決を示す必要があった。三つの建築要素を一体化するこ

図 11 「鉱物金属研究棟」1943 年

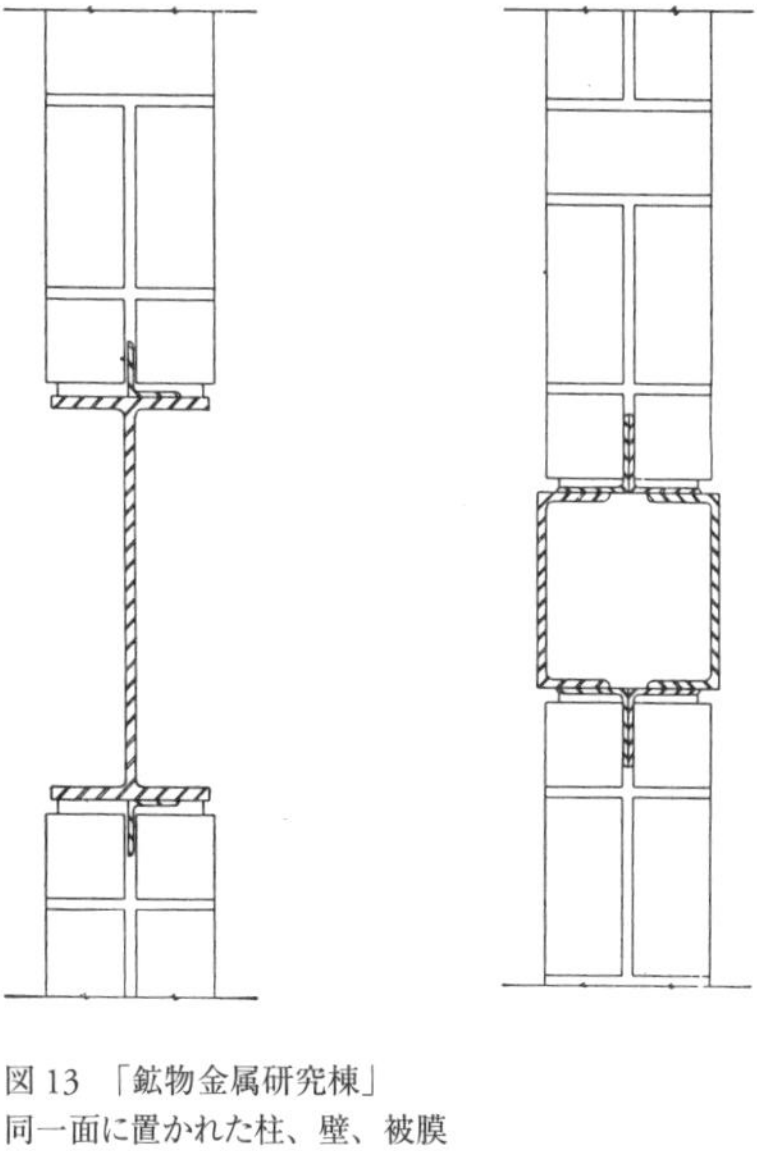

図 13 「鉱物金属研究棟」
同一面に置かれた柱、壁、被膜

図12　「同窓会館」1945年

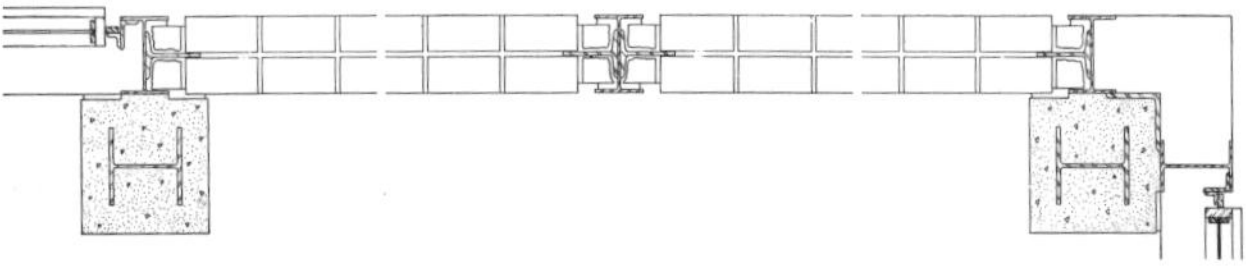

図14　「同窓会館」柱の外側に取り付けられた壁と被膜

とは、コスト的にも機能的にも説得力のある解決だったと言ってよい。

もうひとつはアメリカにおける高度な鉄骨技術の伝統である。すでに一九世紀末にシカゴには鉄骨構造の高層ビルが数多く建てられていた。さらに二〇世紀初頭にはデトロイトでアルバート・カーンが数多くの鉄骨造の自動車工場を建てていた。三つの建築要素を合体させるには高い施工精度が要求されるが、すでにアメリカの鉄骨技術はそれに応えるだけの能力を備えていた。

このようにアメリカ特有の外的条件を取り込むことによって、ヨーロッパ時代から持ち越されていた柱・壁・皮膜の統合というミース問題は、三要素の一体化という結晶的な解決へと収斂した。これによってミースはドミノ・システムとはまったく異なる建築概念へと到達し、コンポジションとコンストラクションを初めて一致させたのである。

レイクショアドライブ・アパート860―880（一九五一）
――高層ビルにおけるミース問題

高層ビルにおいては、この問題はさらに厳しい条件にさらされる。ミースが初めて手がけた高層ビルはシカゴのプロモントリー・アパート(一九四九)[図15]である。この建築はミースよりも三〇歳以上年下のディベロッパー、ハーバート・グリンウォルドの依頼によって建てられた。二人の協働はグリンウォルドが飛行機事故で亡くなるまで一三年間つづいた。シカゴのレイクショアドライブ・アパート[第三章図30]やコモンウェルス・アパート(一九五六)、デトロイトのラファイエット・パーク(一九六三)といった一連の高層集合住宅の計画は、すべてグリンウォルドの依頼によるものである。

図15 「プロモントリー・アパート」1949年

プロモントリー・アパートは最初は鉄骨造で計画されたが、終戦後の鉄材不足のあおりを受け結局は鉄筋コンクリート造で建てられた。この建築の設計を通じてミースはレンタブル比を最大限にするための平面計画、構造システムの合理化、外装構法の標準化など、高層建築に不可欠な手法を学んだと思われる。初めて鉄骨造で建てたレイクショアドライブ・アパートはそうした手法の集大成ともいえる建築である。この建築におけるミース問題の解決について、ピーター・カーターは次のように分析している。

ミースによる「860」解法までには、軸組工法による建物を囲うためには、基本的に二つのはっきりした可能性があった。その皮を骨組の間に充填するか、それとも骨組の前面に吊るか、である。これら自体実用という面ではそれなりなのだが、こうした解法はシーグラム・ビルという例外を除いて、偉大な建築という魔法に触れるのはまれであった。「860」ではその解法が、皮と骨組を共に包含できる単一の建築表現を探し出すという課題にまっすぐ答えている。「860」では、

構造と外皮はそれぞれの個性の多くを保っているが、方立の採用によって、多元的な性格から単神論的な性格へと哲学的変容を遂げているのだ。[4]

鉄骨の方立と鋼板の梁カバーは二層毎にユニット化され、鉄骨の骨組にサッシの見込厚さ分を浮かして取り付けられる。同じように柱カバーを取り付けた後、耐火被覆を兼ねたコンクリートが打ち込まれる。方立の背後に標準化したサッシがはめ込まれる。方立はサッシの耐風圧力を負担する［図16］。柱カバーに取り付けられた方立には機能的な意味はないが、これがなければファサードの揺らぎのあるリズムは生まれないだろう。このファサードは高層ビルにおける機能的、構造的、構法的、そして美学的問題を集積的に解決している。この意味でレイクショアドライブ・アパートは高層建築におけるミース問題のひとつの究極的な解答だといってよい。

コーリン・ロウは「シカゴ・フレーム」[5]の中で、一九世紀末のシカゴ派の高層ビルにおける鉄骨骨組と一九二〇年代のヨーロッパにおける鉄骨骨組とを対比させ、前者を「事実としてのフレーム」、後者を「観念としてのフレーム」と呼

右：図16　方立が取り付けられる「レイクショアドライブ・アパート」
左：図17　ダニエル・バーナム「リライアンス・ビル」1894年

んでいる。前者における鉄骨骨組は投機を目的とする高層ビルを経済的に建設するための単なる実利的手段として採用されたのに対し、後者のそれは新しい近代的な空間をマニフェストする普遍的なシステムとして象徴的に捉えられていたというわけである（第三章九七頁）。ロウは両者を代表する建築として、シカゴ派の建築家ダニエル・バーナムのリライアンス・ビル（一八九四）［図17］とミースの鉄とガラスのスカイスクレーパー案を比較しながら、「事実ではなく観念にとらわれていたミースが、彼自身の頑固で古典的な匿名性を、シカゴ派の経験主義的匿名性と同化した」と結論づけている。

先に引用した文章と同じように、ロウはここでもミースのアメリカ時代をヨーロッパ時代に引き寄せて解釈している。しかし私としてはロウが指摘する「ミースによる同化」が単なる視点の変化にとどまるものではなかったことを強調したい。これまで述べてきたように、ミースはIITキャンパスにおいて観念としてのフレームを事実としてのフレームへと適合させ柱・壁・皮膜を合体させた。さらにレイクショアドライブ・アパートにおいて、ミースはこの適合を極限にまで押し進め、柱と皮膜を合体させることによって事実としてのフレームを観念としてのフレームへと変質させたのである。ここに見られるのは観念への事実の同化というよりも、むしろ事実による観念の変容である。ロウが言うようにミースがアメリカにおいて「新」古典主義へと回帰したことが真実だとすれば、それを決定づけたのは観念としてのフレームではなく、むしろ事実としてのフレームだといっても過言ではない。もちろん観念なしにこの回帰がありえなかったことはいうまでもないが。

これ以後の高層ビルでは皮膜は骨組とは独立したカーテンウォールとなる。ピーター・カーターもいうようにシーグラム・ビル(一九五八)[第三章図31]では鉄骨骨組とブロンズのカーテンウォールは分離している。つまりミース問題は二つの独立した問題に分けられているわけである。それでもミースは柱と皮膜を完全に引き離そうとはしなかった。その痕跡は出隅の柱型として現れている[図18]。モントリオールのウェストマウント・スクエア(一九六八)やトロントのドミニオン・センター(一九六九)、さらにはミースの死後に完成したシカゴのIBMビル(一九七〇)やフェデラル・センター(一九七六)といった巨大な高層ビルにおいてもかろうじてこの原則は守られている。そしてこの痕跡さえも消えるとき高層ビルは完全な均質空間となるのである。

ファンズワース邸(一九五一)とクラウンホール(一九五六)——突出する骨組

高層ビルにおけるミース問題が複雑な解決を要求したとするなら、ミース問題がもっとも純粋なかたちで解決されているのは、単一スパンによるパヴィリオン式建築においてである。その代表的な例はファンズワース邸[図19]とIITのクラウンホールである。高層ビルにおいてもパヴィリオン式建築においても、ミースは同じように柱と皮膜を一体化している。大きな違いは高層ビルでは柱が室内側にあるのに対し、パヴィリオン式建築では柱が外部に突出している点である[図19]。両者はちょうど内外を反転したような関係に置かれている。高層ビルでは室内にかならず柱が存在する。これに対してパヴィリオン式の建築においては室内には柱が存在しない。室内空間のフレキシビリティを確保し完全なユニヴァーサル・スペース(普遍空間)を実現するには、柱を外に押し出すしかない。高層ビルとは異なりパヴィリオン式建築では構造的制約が少ないこともそれを可

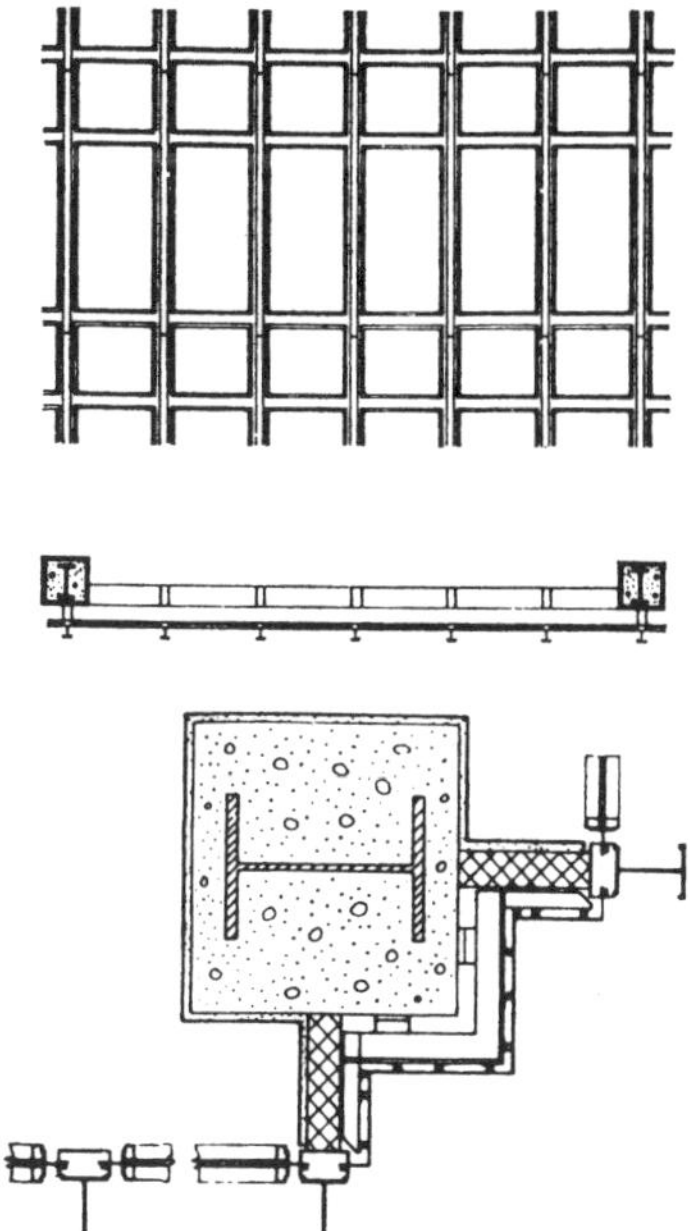

図 18 「シーグラム・ビル」1958 年
上：ファサードを見上げる
下：出隅の柱型

能にする大きな条件である。クラウンホールでは大スパンのフレームを組んでいるために、梁までも屋根の上に押し出されている。このときミースは外部に押し出された骨組の古典的な表現性に気づいたに違いない。クラウンホールのダイナミックなフレームはいうまでもないが、見落とすことができないのはファンズワース邸において張り出しテラスの床と屋根を支えている独立柱である。この柱は後のミースの転換を暗示している。

同じ頃にミースは外部に押し出された骨組のさまざまな可能性を追求している。五〇×五〇住宅(一九五一)、マンハイム国立劇場(一九五三)、シカゴ・コンヴェンションホール(一九五四)といった一連の構造表現的な計画案がそれである。そしてキューバのバカルディ・ビル計画(一九五八)［図20］においてミースはひとつの臨界点を踏み越えたように思われる。その理由は、この計画案において再びヨーロッパ時代のように柱と皮膜が分離し、柱が独立したオブジェとなっているからである。しかし柱はかつてのように室内にあるのではなく外部に突出している。バカルディ・ビルにおける柱と皮膜の分離は、あるいはキューバの強烈な日射に対して日陰をつくり出すための機能的なアイデアであったかもしれない。しかしベルリン新国立ギャラリー(一九六七)［第三章図32］においては、もはやそのような機能さえ存在しない。この建築においては柱は重厚な屋根を支える以外のすべての機能から解放され、かつてないほどモニュメンタルな表情を湛えて屹立している。

結論——ミース問題の現代的意味

ミースによるミース問題の解決法を辿ってみると、興味深い変化が見られる。

ヨーロッパ時代にはまず壁があった。つづいて皮膜が出現しバルセロナ・パヴィリオンにおいて柱が出現した。この時には柱は室内にあって壁や皮膜からは独立していた。アメリカ時代になると柱は壁や皮膜と一体化し、やがてそこから壁が消えて柱と皮膜に還元されていった。柱は内外の境界面にしばらくの間とどまっていたが、徐々に外側に迫り出し、最終的にはモニュメンタルな柱となって外部に屹立する。一方で高層ビルにおいては、柱はカーテンウォールから切り離されて徐々に内部へ隠蔽されていったが、ミース自身は均質空間への一歩手前で踏みとどまっている。このようにミースの建築においては、柱は内から外へと少

図 19 「ファンズワース邸」外部に突出する柱

図 20「バカルディ・ビル」1958 年

しずつ移動していることがわかる。

ミース問題の解決には二つのターニングポイントがある。ひとつはバルセロナ・パヴィリオンであり、もうひとつはレイクショアドライブ・アパートとクラウンホールである。前者においては柱と壁の矛盾がダイナミックに流動する空間を生み出し、後者においては柱と皮膜の結合が結晶のようなユニヴァーサル・スペースを生み出している。

以上のような結論から、私たちは何を学ぶことができるだろうか。

ひとつは表現(コンポジション)は構法(コンストラクション)によってたえず検証されねばならないということである。バルセロナ・パヴィリオンにおいては両者が統合されていないことは確かである。そのために両者の矛盾がこの建築を近代建築の傑作たらしめた要因だと考える人もいる。しかしそれは結果論にすぎない。ミースは柱と壁の分離という新しい原理に構法的な一貫性を与えようとする作業を工事に入ってからも持続していることを忘れてはならない。そのような統合に向けての両者の相互検証作業が、結果として柱と壁の緊張関係を生み出したのである。レイクショアドライブ・アパートについては、あらためていうまでもないだろう。

二つめはミースの空間の原型的な普遍性である。今日までミースの単純明快な空間は世界中に蔓延する均質空間のモデルとして否定的にとらえられてきた。しかしミース自身は均質空間の一歩手前で踏みとどまっている。まず私たちはその地点にまで遡り、ミースの解答を再検討することからスタートすべきである。

これからの建築においては最小限の要素によって空間のアクティビティを限定すること、すなわち場をつくり出すことが求められる。ミースの空間はそのような場にもっとも近い。ミースの空間がそのまま現代に通用することはありえないだろうが、少なくとも出発点としてもっとも相応しい原型的な空間であることは確かである。

三つめは、ミースが追求した縮合的な解決法、すなわち複雑な条件を単純な解決に集約するというアプローチである。この方法はミースのアメリカ時代の建築に典型的に表れている。そこでは美学と技術と経済という独立した条件がミース問題のなかに縮合され、単純なディテールへと集約化されている。ミースが「細部に神が宿る」といったのは、そのような意味においてであると私は考える。ミースの時代に比べれば、現代の設計条件はさらに複雑化している。しかし単純な解決へ向けて条件を縮合させるというアプローチは、依然として本質的な問題を明らかにするもっとも強力な方法なのである。

［注］

1　前掲（第三章注9）

2　しかしレム・コールハースは部品類のその後の行き先を調べあげている（「レス・イズ・モア」前掲おわりに注2）。

3　コーリン・ロウ著、伊東豊雄＋松永安光訳「新『古典』主義と近代建築Ⅱ」前掲（第三章注12）

4　「ミースの建築におけるモダニズムの伝統について」前掲（第三章注11）

5　前掲（第三章注12）所収

補論3　システム化と工業化の目的——構法と機能

本論で検討するのは、建築のシステム化・工業化・部品化をめざす建築家・エンジニアが無意識に抱いている目的、あるいは建築的な前提がもたらす重要な限界についてである。「建築の四層構造」から見れば、システム化・工業化・部品化とは第一層の物理性である構法、すなわち建築のつくり方に関するテーマである。このテーマを追求しようとする際に建築家やエンジニアが第一に掲げる目的は、どのようなプランニング（生活の機能）にも適用できるフレキシブルな構法を開発することである。逆にいえば機能をできるだけ制約しないような構法を開発することである。しかし私の考えでは、そのような目的は幻想にすぎない。その点を自覚しないと、開発された工業生産化の構法は単なる足かせになってしまうだろう。「建築の四層構造」が主張しているのは、どのような構法（第一層）であっても機能（第三層）と無関係ではないということである。この点を住宅の工業生産化の初期の試みである剣持昤の「規格構成材方式」や大野勝彦の「セキスイハイム」を例に検証してみたい。

規格構成材方式

規格構成材方式を開発した剣持昤《れい》は一九六〇年代の住宅の工業生産化の研究をリードした東京大学建築学科・内田祥哉研究室出身の建築家・エンジニアである。剣持昤は原広司の一年後輩であり、戦後のインテリア・デザインを先導した剣持勇の子息である。

H邸（一九六七）［図1］は剣持が内田研究室で博士論文をまとめた直後の二八歳のときの仕事である。不勉強ながら私はH邸が剣持の提唱する「規格構成材方式」による住宅の第一作であることを石山修武と松村秀一から教えられた。H邸の完成以降も剣持は同じ方式で何軒かの住宅を建てている。剣持は一九七二年に不慮の事故で亡くなったため、規格構成材方式の本格的な展開を見ることはなかった。死の翌年の一九七三年に『規格構成材建築への出発』[1]がまとめら

図1　剣持昤「H邸」1967年

れ、剣持の博士論文をはじめとする主要論文が掲載されている。その冒頭に、師である内田祥哉が「『規格構成材方式』によせて」というまえがきを寄せている。

そこに述べられているように、規格構成材とはOpen Componentの日本語訳であり、規格構成材方式とはOpen System化された住宅部品による構法のことである。剣持は規格構成材方式を以下の四つの条件によって定義している。

1　建築物またはその一部（Building Element）として、またはその一部の機能を備えていること。

2　ある程度の大きさ（壁の場合には、床から天井までの高さで、巾九〇センチメートル程度以上）で融通性に富んだモデュールと接合方法が適合すること。

3　性能と販売価格が明示されていること。

4　市場につねに存在すること。

この定義によれば、現在では住宅用部品の多くがすでに規格構成材になっている。現在では住宅の設計と建設はそれらの部品を選択し組み合わせる作業になっているから、期せずして規格構成材方式すなわちOpen Systemが実現されているといっていいだろう。ただし2の条件を満足する部品はあまり普及していない。ただし多くの住宅部品が尺間法にもとづいて生産され、それが暗黙のモデュールとして通用しているために、剣持がいうような部品サイズと部品相互の接合部を寸法調整するモデュラー・コーディネーションの考え方は完全に忘れ去られている。

では現在まで五〇年近く住みつづけられているH邸から私たちは何を学ぶことができるだろうか。H邸を実見したとき私は即座に「これは規格構成材方式の原理的適用である」と直観した。原理的適用とは構法システムがそのままストレートに表現されているということである。まず四本のGコラム柱と大型H型鋼によって九メートル×一三・二メートル矩形平面の二階建ての構造フレームが建てられる。Gコラムとは一九六三年に遠心力鋳造による溶接構造用鋳鋼管として開発された厚肉鋼管である。そのフレームに小梁を架け渡し、その上にALC版の床スラブと屋根スラブが載せられる。次に、床スラブと屋根スラブの間にALC版、アルミサッシ、プロフィリット・ガラスなどの壁面パネルが建て込まれる。H邸では、これら一連の「規格構成材」のシステムは、そのまま表現されている。室内の間仕切家具システムをこれに加えてもいいかもしれない。現代の構法用語でいえば、このシステムは完全な「スケルトン・インフィル方式」といい換えることもできる。あるいは原理として見るならば、この住宅の構法システムはミース・ファン・デル・ローエのファンズワース邸と同じだといってよい。外壁部品をすべて透明ガラスのスクリーンに入れ変えた状態を想像すれば、あながち突拍子もない連想ではないだろう。もちろんH邸は核家族が住む一般的な郊外住宅である。ファンズワース邸のような広大な敷地ではないし、生活は別荘のような単純な生活でもない。多種多様な外壁や間仕切家具のシステムは敷地条件や家族の生活に合わせて配置されている。それでも一階をピロティ的な空間とし、生活空間の全体を二階に持ち上げている点に、剣持の原理指向を読み取ることができるのではないか。この住宅を設計しながら剣持は空中に浮かぶミース的な箱をイメージしていたに違いない[図2]。

ここで特筆しておきたい点がある。H邸では二階の外周四面にバルコニーを回し、外壁パネルを外周の鉄骨軸組にではなく、少し引っ込んだALCスラブに留めている点である[図3]。構法システムを徹底しようとすれば外壁パネルを軸組に直接留める方が合理的で筋が通っている。実際にH邸以後に規格構成材方式を適用した住宅では外壁は軸組に直接留めるカーテンウォール方式に変えられている。ではH邸ではなぜ外壁を引っ込めたのだろうか。おそらくそれは南面に日射制御のための庇を確保することが目的だったのではないだろうか。そしてそのための外壁ディテールを考案した上で、その構法を外周全体に適用したのではないかと推察する。ここにもシステムを貫徹しようとする剣持の意志を読み取ることができるだろう。その結果、剣持が意図したかどうかはともかく外壁の耐候性が高まり、外部に露出した鉄骨フレーム、アルミサッシ、プロフィリット・ガラスのメンテナンスが容易になったことも、この住宅の寿命を長くする大きな要因になったのである。実際この家に住むH氏は、絶えずバルコニーの防水、外壁のシール、日射制御のスクリーンの取り付け、鉄骨フレームや手

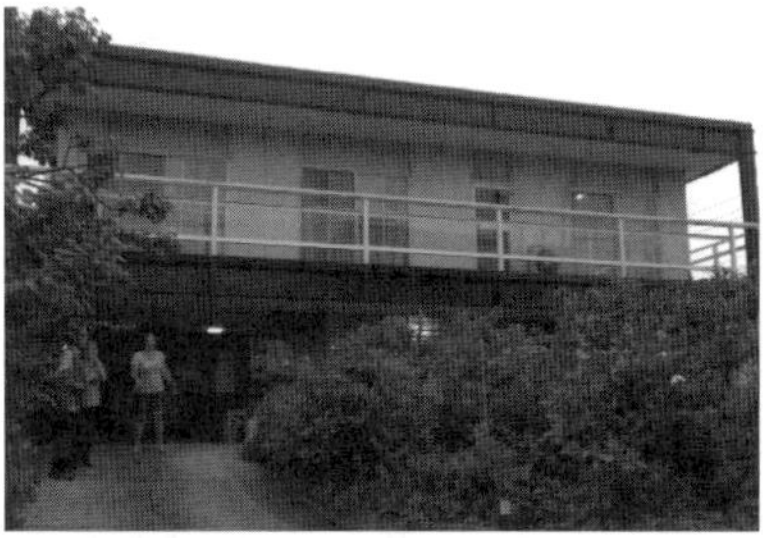

図2 「H邸」

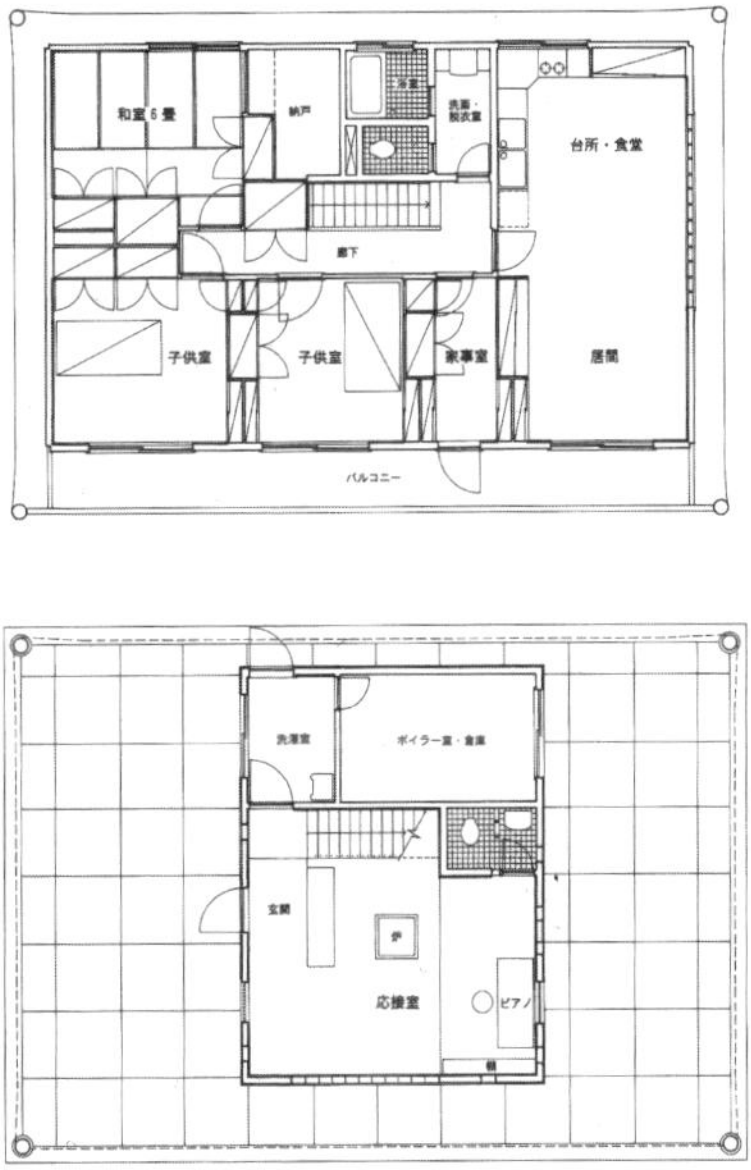

図3 「H邸」平面図
上：2階平面図
下：1階平面図

摺のペイント塗り替えなどを自らの手で行っていたという。

規格構成材方式が考案された一九六〇年代後半は、日本の工業生産化住宅の萌芽期だった。戦後生まれの団塊世代が婚期を迎える一九七〇年代までに住宅の大量供給を可能にするため、数多くのハウスメーカーが設立され、さまざまな構法によって工業生産化住宅の開発に取り組んだ。規格構成材方式は建築家による取り組みのひとつだったが、剣持の死によってその後の展開はつづかなかった。重量鉄骨による大スパン構造と住宅のスケールに乖離があったことも一因かも知れない。さらにH邸は剣持が主宰する綜建築研究所が直接請け負うCM(construction management)方式によって建設されたが、大手メーカーからの材料供給や大型クレーンによる建方などといった特殊な対応が必要であり、規格構成材方式が目ざしていた通常の住宅に適用できるような一般性を持ちえなかったように思われる。

スペースユニット構法

後に、同じ内田研究室出身の大野勝彦が一九七一年に開発した「セキスイハイムM1」は、木造軸組に近い一〇センチメートル角の鉄骨による箱型ユニットを組み合わせて住宅をつくるシステムである[図4]。箱のサイズはトラックで運搬できる最大寸法(二・四×二・四メートル断面、長さは通常六メートル)によって決められている。このサイズのスペースユニットを工場で可能なかぎり内外装工事まで行い、敷地まで運搬してクレーンで積み上げ、現場作業は最小限にとどめるという構法である。台所や浴室などの機器も工場でユニット内に設置し配線配管まで済ませた状態で現場に運び込むので、工期は大幅に短縮される。開発当初は箱型ユニットを積み上げ並べた状態をそのまま見せたストレートでザッハリッヒ(即物的)なデザインで供給されていた。しかしながら一九七〇年代半ば以降の大衆消費社会時代になると、ハウスメーカー各社の販売戦略はイメージの差異を競うようになり、箱に屋根を載せ、外装に装飾的なデザインを付加するようになる。現在でもスペースユニット構法による生産方式はつづいているが、内外観からその構法を読み取ることはまったくできない。

この構法の最大の問題点は、スペースユニットの構造システムとサイズが、工場から現場までの運搬の条件によって決められている点にある。スペースユニットを自立的な構造とし運搬可能な強度を持たせるために、ユニットの四隅に一〇センチメートル角の鉄骨柱を立てているが、四つのユニットが並べられると四本の角柱が集まる箇所に四本の柱が集まり二〇センチメートル角の柱が生まれる。住宅内で四ユニットが並ぶのは、比較的大きなスペースが求められる共有空間なので、そこに二〇センチメートル角の柱が立つのは機能的に不合理であり、空間的に目障りであるだけでなく、構造的にもオーバースペック（過剰性能）といわざるをえない。そのようにならない平面計画を展開する

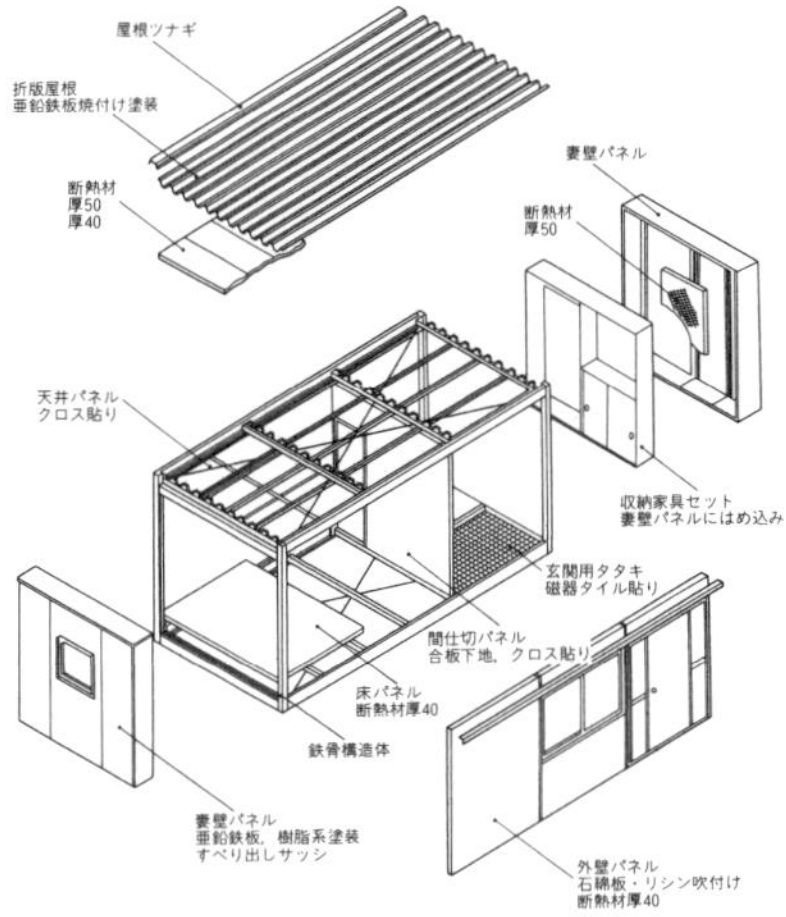

図4　大野勝彦「セキスイハイムM1」1972年

ことはもちろん可能である。しかしそのためにはかなり大きな制約条件を覚悟しなければならない。スペースユニットのサイズからも同じような制約を受ける。高さ方向の二・四メートルは通常の住宅の天井高だが、平面計画では二・四メートルというモデュールは中途半端である。部屋の間口としてみると二・四メートルは狭く、せめて最低二・七メートルは欲しいところである。八畳の部屋は三・六メートル角だが二ユニットを並べた四・八メートルはやや大きすぎる。ゆったりとした平面計画が可能な敷地ならば何の問題は生じないが、狭小敷地にコンパクトな住宅を計画するには二・四メートルは中途半端なモデュールなのである。もちろん当初のユニットサイズがまったく不合理ということではないが、運搬のサイズを優先させることによって、生活機能をどこまで制約することになるかという条件についての検証が不十分だったように考えられるのである。[2]

工業生産化構法と生活機能

以上のような検証から、最後に工業化住宅の歴史について私が抱いている疑問について論じてみたい。住宅の工業生産化・部品化構法を追求する場合、住宅の平面計画、すな

わちライフスタイルや生活様式はほとんど問題にされることがない。というよりも新しい工業生産化構法を開発する場合には、開発者の頭の中には、平面計画をいかにフレキシブルで自由にするかという暗黙の前提条件が潜んでいるように思われる。『住宅建築』誌の特集「自由のための部品」というタイトルにもそれがはっきりと表れている。さらに突っ込んでいうなら、新しい工業生産化構法を開発する最終的な目的は、プランニング=平面計画への拘束をなくし、住み手が自由に生活を計画できるようにすることだと考えられているのである。

本書第六章「アルミニウム建築」で紹介したように「実験住宅アルミエコハウス」を開発した際には、その性能や居住性を検証するための居住実験を行った。そのときある若い建築家が私に対して以下のような疑問を発した。「アルミニウムを構造体に使った住宅が構法的に成立することが証明されたのに、なぜ居住実験までやるのですか」。つまりその建築家は、実験住宅アルミエコハウスは構法実験であり性能実験なのだから、それが実証されれば十分であり、居住実験は開発のテーマとは関係ないのではないかと考えたのではないかと思う。このような質問に、工業生産化構法の開発者が陥っている典型的な錯誤をみることができる。確かに原理的にみれば構法と生活の機能の間には直接的な関係はない。しかし実際の建物においては、両者は何らかのかたちで結びつけられねばならない。私たちはアルミニウム住宅の構法開発に並行して、アルミニウム住宅にふさわしい生活の仕方すなわち平面計画(生活機能)を検討した。なぜなら構法の提案は、必ず生活機能に何らかの影響を与えるからである。

戦後のアメリカ建築界において、住宅の工業生産化・部品化を先導し、バックミンスター・フラーやチャールズ・イームズと協働した建築家にジョージ・ネルソンがいる。彼は一九五〇年代に政府の招待で来日し、当時、生産の準備段階にあったハウスメーカーに対して、住宅の構法システム開発に関するさまざまな指導を行っている。その際に彼はフレキシブルな工業生産化構法の目的を「PLANNING WITH YOU」と唱えたことはよく知られている。つまり、新しい工業生産化構法は、住み手が自分の望む生活に合わせて自由に平面計画ができると謳ったわけである。しかしながら後に彼は、住み手に平面計画を任せても、多くの場合は成功しないという結論に達している。自由な選択肢を

図5　MUJI HOUSE

与えられても、住み手が適切な選択を行うことは難しいのである。

生活に対する住み手の希望を聞き、それを平面計画に反映させるのも建築家のひとつの仕事である。構法の開発と適用と同じように、平面計画にも一種の専門技術を要するからである。しかしながら、両者の関係はほとんど問題にされない。上に述べたような工業生産化構法を開発する際の暗黙の前提条件は、ハウスメーカーだけでなく多くの建築家も共有しているように思える。規格構成材方式によるH邸のプランニングが、完全なnLDKであり保守的なのは、剣持昤が新しい生活様式を提案することに対して興味を持っていなかったからではないだろうか。あるいはセキスイハイムM1において、大野勝彦が「無目的な箱」を唱えたのは、工業生産化構法と生活機能（平面計画）を積極的に切り離そうとしていたからではないか。しかしながら構法が何も制約しないことはありえない。構法と機能は、空間の配列や大きさ、水まわりの位置などをとおして何らかのかたちで結びついているからである。建築家やエンジニアはその関係に注目し、積極的にデザインの条件として取り上げ、両者を積極的に結びつけることによって、住み手に対して生活の仕方や家族のあり方として提案すべきなのである。

私が開発した「箱の家シリーズ」(「箱の家〇八三」[補論1図13])や「無印住宅」は、新しい工業生産化構法と一室空間住居という平面計画とを結びつけることによって、特殊ではあるが普遍的な現代住宅のプロトタイプを提案しようとする試みなのである。

[注]

1 剣持昤著『規格構成材建築への出発——剣持昤遺稿集』綜建築研究所、一九七四年

2 規格構成材方式とセキスイハイムM1の構法システムの詳細については、『住宅建築』誌二〇〇五年六月号の特集「自由のための部品」に詳しく紹介されているので参照のこと。なお、この特集には上記の二つの工業化住宅構法に続いて、私が開発した集成材軸組構法による「MUJI HOUSE」が紹介されている[図5]。この構法は生活機能と空間構成の提案が一体として開発されている。

図版出典

・Alison and Peter Smithon, Architects／第四章図7
・Benutzer: Chumwa／第四章図19
・Ctjf83／第四章図1
・Fondation Le Corbusier／第三章図22・24
・Guilhermeduartegarcia／第三章図39
・Henry Townsend／第三章図1
・hobbs luton／補論1図7
・Ivtorov／第三章図15
・Jim Harper／第六章図10（一八一頁）
・Mr. Granger／補論2図17
・Renzo Piano Building Workshop／第五章図5（右・左）
・Steve Cadman／第一章図4
・Tony Hisgett from Birmingham, UK／第六章図1
・User: JeremyA／第三章図30
・Victor Grigas／補論2図19（上・下）
・アルコア／補論1図3
・大橋富夫／補論1図2
・奥山良樹／第五章図4、第六章図4（右・左）
・坂口裕康／補論1図14（上・下）
・彰国社写真部／第五章図1
・新建築社写真部／第五章図3・22、第六章図3
・住友金属／補論1図4
・積水化学工業／補論3図4
・東京大学大学院工学系研究科建築学専攻／補論2図8（上・下）
・難波和彦・界工作舎／第一章図2・3、第二章図1・4（五三頁・五四頁）・7・8・13、第三章図2（右・左）・3・4・6（上・下）・18・20・21・23・25・28・29・31・32・40、第四章図4・5・8・9・15・18、第5章図2（左）・6・7・8（右・左）・9・10（上・下）・11（一五四頁・一五五頁）・12・13（上・下）・16・17・18・19・20・21、第六章図2・8・9（一七六—一七七頁・一七八頁上・下右・下左）・10（一八〇頁・一八二—一八三頁）、補論1図8・9・10・二〇八頁（上・下）・二〇九頁（下）・11・12（上・中上・中下・下）・13（上・下）・15、補論2図9・10（上・下）・18（上）、補論3図1・2・5
・平山忠治／第四章図16・17
・Philip Johnson, *Mies van der Rohe*, The Museum of Modern Art, 1953／補論2図4・11・12・13・14・15・20
・Jean Prouvé, *Architecture/Industrie*, Klient, 1965／第三章図41・42（右・左）
・『建築文化』一九六六年一二月号、彰国社／第五章図2（右）
・W. Hofmann & U. Kultermann, *Modern ARCHITECTURE IN COLOUR*, THAMES AND HUDSON, 1970／第三章図19、第四章図2
・「大きな声」刊行会編『大きな声——建築家坂倉準三の生涯』「大きな声」刊行会、一九七五年／第四章図14
・バックミンスター・フラー＋ロバート・W・マークス著、木島安史＋梅澤忠雄訳『バックミンスター・フラーのダイマキシオンの世界』鹿島出版会、一九七八年／第三章図36・37・38、第六章図6
・日本建築学会編『西洋建築史図集』彰国社、一九八三年／第二章図12
・松村昌家著『水晶宮物語——ロンドン万国博覧会一八五一』リブロポー

ト、一九八六年／第二章図9・10
- *Mies van der Rohe's German Pavilion in Barcelona*, Ajuntament de Barcelona, 1987／補論2図5・6・7
- ブルックリンミュージアム監修、リチャード・ガイ・ウィルソンほか著、永田喬訳『アメリカの機械時代：1918-1941』鹿島出版会、一九八八年／第三章図35
- 『ノーマン・フォスター作品集：1964-1987』a+u 一九八八年五月臨時増刊号、エー・アンド・ユー／補論1図5
- ヴァルター・グロピウス著、貞包博幸訳『国際建築』中央公論美術出版、一九九一年／第三章図5・7・8
- ケネス・フランプトンほか著、澤村明＋ＥＡＴ訳『ミース再考――その今日的意味』鹿島出版会、一九九二年／補論2図16
- 『よみがえる明治の東京――東京十五区写真集』角川学芸出版、一九九二年／第四章図10
- 八束はじめ著『ロシア・アヴァンギャルド建築』ＩＮＡＸ出版、一九九三年／第三章図10・11・12・13・14
- アラン・J・ブルックス＋クリス・グレック著、難波和彦＋佐々木睦朗監訳『コネクションズ――構法とディテール』鹿島出版会、一九九四年／おわりに図1
- アラン・J・ブルックス＋クリス・グレック著、難波和彦＋佐々木睦朗監訳『ビルディング・エンベロプ――建物の外装のデザインと技術』鹿島出版会、一九九五年／第三章図9、第五章図14（下）
- クリス・ウィルキンソン著、難波和彦＋佐々木睦朗監訳『スーパーシェッズ――大空間のデザインと構法』鹿島出版会、一九九五年／第一章図1、第二章図11、第三章図16・17・43、第四章図3・6、第五章図14（上）・15、補論1図6（上・下）
- 磯崎新著『建築の解体――一九六八年の建築情況』鹿島出版会、一九九七年／第六章図7
- エドワード・R・フォード著、八木幸二監訳『巨匠たちのディテール』1・2巻、丸善、一九九九年／第五章図23
- ロバート・クロネンバーグ著、牧紀男訳『動く家――ポータブル・ビルディングの歴史』鹿島出版、二〇〇〇年／第六章図5
- ジェイ・ボールドウィン著、梶川泰司訳『バックミンスター・フラーの世界――21世紀エコロジー・デザインへの先駆』美術出版社、二〇〇一年／第三章図33・34
- ケネス・フランプトン著、松畑強＋山本想太郎訳『テクトニック・カルチャー――一九－二〇世紀建築の構法の詩学』ＴＯＴＯ出版、二〇〇二年／第一章図5、第二章図5（五五頁下）、補論2図18（下）
- ヴィトラ・デザイン・ミュージアム＋慶応義塾大学ＤＭＦ企画、カトリーヌ・デュモン・ダヨ＋ブルーノ・ライシュリン監修、山名善之日本語版監修『ジャン・プルーヴェ』ＴＯＴＯ出版、二〇〇四年／補論1図1
- 『住宅建築』二〇〇五年六月号／補論3図3（上・下）
- フランツ・シュルツ著、澤村明訳『評伝ミース・ファン・デル・ローエ』鹿島出版会、二〇〇六年／第三章図26・27、補論2図1・2・3
- 山本学治著『造形と構造と――山本学治建築論集2』鹿島出版会、二〇〇七年／第四章図11・12・13
- ジークフリード・ギーディオン著、太田實訳『新版 空間・時間・建築』丸善、二〇〇九年／第二章図2・3・5（五五頁上）・6

参考文献

・ニコラス・ペヴスナー著、白石博三訳『モダン・デザインの展開――モリスからグロピウスまで』みすず書房、一九五七年
・日本建築学会編『近代建築史図集』彰国社、一九六六年
・ル・コルビュジエ著、吉阪隆正訳『建築をめざして』鹿島出版会、一九六七年
・武谷三男著『弁証法の諸問題』勁草書房、一九六八年
・ジークフリード・ギーディオン著、太田實訳『空間・時間・建築』1・2巻、丸善、一九六九年
・ジョルジュ・シャルボニエ著、多田智満子訳『レヴィ＝ストロースとの対話』みすず書房、一九七〇年
・ウルリヒ・コンラーツ著、阿部公正訳『世界建築宣言文集』彰国社、一九七〇年
・山本学治＋稲葉武司著『巨匠ミースの遺産』彰国社、一九七〇年
・剣持昤著『規格構成材建築への出発――剣持昤遺稿集』綜建築研究所、一九七四年
・ニコラウス・ペヴスナー著、小野二郎訳『モダン・デザインの源泉――モリス／アール・ヌーヴォー／二〇世紀』美術出版社、一九七六年
・レイナー・バンハム著、石原達二＋増成隆士訳、原広司校閲『第一機械時代の理論とデザイン』鹿島出版会、一九七六年
・鈴木博之著『建築の世紀末』晶文社、一九七七年
・バックミンスター・フラー＋ロバート・W・マークス著、木島安史＋梅澤忠雄訳『バックミンスター・フラーのダイマキシオンの世界』鹿島出版会、一九七八年
・ヘンリー＝ラッセル・ヒッチコック＋フィリップ・ジョンソン著、武澤秀一訳『インターナショナル・スタイル』鹿島出版会、一九七八年
・レオナルド・ベネヴォロ著、武藤章訳『近代建築の歴史』上・下巻、鹿島出版会、一九七八―七九年
・コーリン・ロウ著、伊東豊雄＋松永安光訳『マニエリスムと近代建築――コーリン・ロウ建築論選集』彰国社、一九八一年
・二川幸夫＋ケネス・フランプトン著、香山壽夫訳『GA Document Special Issue 2：Modern Architecture 1851-1919』A.D.A EDITA Tokyo、一九八一年
・二川幸夫＋ケネス・フランプトン著、香山壽夫訳『GA Document Special Issue 3：Modern Architecture 1920-1945』A.D.A EDITA Tokyo、一九八一年
・レイナー・バンハム著、堀江悟郎訳『環境としての建築』鹿島出版会、一九八一年
・レイナー・バンハム著、岸和郎訳『建築とポップ・カルチュア』鹿島出版会、一九八三年
・鈴木博之編『日本の現代建築一九五八―一九八三』講談社、一九八四年
・デイヴィッド・スペース著、平野哲行訳『ミース・ファン・デル・ローエ』鹿島出版会、一九八八年
・ビル・ライズベロ著、内田茂＋越智卓英訳『絵で見る近代建築とデザインの歩み』鹿島出版会、一九八八年
・二川幸夫＋ベルナール・ボシェ＋マルク・ヴェレ著、三宅理一訳『La Maison de Verre：Pierre Chareau』A.D.A EDITA Tokyo、一九八八年
・フランツ・シュルツ著、澤村明訳『評伝ミース・ファン・デル・ローエ』鹿島出版会、一九八七年
・ブルックリンミュージアム監修、リチャード・ガイ・ウィルソンほか著、永田喬訳『アメリカの機械時代：1918-1941』鹿島出版会、一九八八年

・ニコラウス・ペヴスナー著、小林文次＋山口廣＋竹本碧訳『新版 ヨーロッパ建築序説』彰国社、一九八九年
・『建築二〇世紀 Part 1・2』新建築一九九一年一月臨時増刊、新建築社、一九九一年
・ケネス・フランプトンほか著、澤村明＋EAT訳『ミース再考——その今日的意味』鹿島出版会、一九九二年
・ユリウス・ポーゼナー著、田村都志夫訳、多木浩二監修『近代建築への招待』青土社、一九九二年
・イアン・ランボット編、鈴木博之監訳『ノーマン・フォスター作品集』1・2・3巻、同朋舎出版、一九九三年
・ヴァルター・ベンヤミン著、今村仁司ほか訳『パッサージュ論1——パリの原風景』岩波書店、一九九三年
・アラン・J・ブルックス＋クリス・グレック著、難波和彦＋佐々木睦朗監訳『コネクションズ——構法とディテール』鹿島出版会、一九九四年
・マーティン・ポーリー著、渡辺武信＋相田武文訳『バックミンスター・フラー』鹿島出版会、一九九四年
・アラン・J・ブルックス＋クリス・グレック著、難波和彦＋佐々木睦朗監訳『ビルディング・エンベロプ——建物の外装のデザインと技術』鹿島出版会、一九九五年
・ヴァルター・ベンヤミン著、今村仁司ほか訳『パッサージュ論5——ブルジョワジーの夢』岩波書店、一九九五年
・クリス・ウィルキンソン著、難波和彦＋佐々木睦朗監訳『スーパーシェッズ——大空間のデザインと構法』鹿島出版会、一九九五年
・ジョセフ・リクワート著、黒石いずみ訳『アダムの家——建築の原型とその展開』鹿島出版会、一九九五年
・松浦寿輝著『エッフェル塔試論』筑摩書房、一九九五年
・カール・マルクス著、植村邦彦訳『ルイ・ボナパルトのブリュメール一八日』太田出版、一九九六年
・岸和郎＋植田実監修『ケース・スタディ・ハウス——プロトタイプ住宅の試み』住まいの図書館出版局、一九九七年
・佐々木睦朗著『構造設計の詩法——住宅からスーパーシェッズまで』住まいの図書館出版局、一九九七年
・八束はじめ＋吉松秀樹著『メタボリズム——一九六〇年代 日本の建築アヴァンギャルド』INAX出版、一九九七年
・エドワード・R・フォード著、八木幸二監訳『巨匠たちのディテール』1・2巻、丸善、一九九九年
・キャサリン・スレッサー著、ジョン・リンデン写真、難波和彦監訳『エコテック——二一世紀の建築』鹿島出版会、一九九九年
・レム・コールハース著、鈴木圭介訳『錯乱のニューヨーク』筑摩書房、一九九九年
・田中純著『ミース・ファン・デル・ローエの戦場——その時代と建築をめぐって』彰国社、二〇〇〇年
・松村昌家著『水晶宮物語——ロンドン万国博覧会一八五一』筑摩書房、二〇〇〇年
・ロバート・クロネンバーグ著、牧紀男訳『動く家——ポータブル・ビルディングの歴史』鹿島出版会、二〇〇〇年
・アラン・ホルゲイト著、播繁監訳『構造デザインとは何か——構造を理解しないアーキテクトとアートを理解しないエンジニア』鹿島出版会、二〇〇一年
・ジェイ・ボールドウィン著、梶川泰司訳『バックミンスター・フラーの世界——二一世紀エコロジー・デザインへの先駆』美術出版社、二〇〇一年
・スティーヴン・トゥールミン著、藤村龍雄＋新井浩子訳『近代とは何か——その隠されたアジェンダ』法政大学出版局、二〇〇一年

・八束はじめ著『ミースという神話——ユニヴァーサル・スペースの起源』彰国社、二〇〇一年
・ヨアヒム・クラウセ＋クロード・リヒテンシュタイン編、神奈川県立近代美術館＋愛知県美術館＋ワタリウム美術館日本語版編集『ユア・プライベート・スカイ：R・バックミンスター・フラー：アート・デザイン・サイエンス』神奈川県立近代美術館、二〇〇一年
・アプトインターナショナル『Eames Design：Charles & Ray Eames』アプトインターナショナル、二〇〇一年
・『node——二〇世紀の技術と二一世紀の建築』新建築二〇〇一年一一月臨時増刊、新建築社
・ケネス・フランプトン著、松畑強＋山本想太郎訳『テクトニック・カルチャー——一九—二〇世紀建築の構法の詩学』ＴＯＴＯ出版、二〇〇二年
・ケネス・フランプトン著、中村敏男訳『現代建築史』青土社、二〇〇三年
・山本学治著『造形と構造と——山本学治建築論集2』鹿島出版会、二〇〇七年
・ロベルト・ガルジャーニ著、難波和彦監訳、岩元真明訳『レム・コールハース｜ＯＭＡ：驚異の構築』鹿島出版会、二〇一五年
・レム・コールハース著、渡辺佐智江＋太田佳代子訳『S, M, L, XL＋：現代都市をめぐるエッセイ』筑摩書房、二〇一五年
・エリック・ホブスボーム著、木畑洋一＋後藤春美＋菅靖子＋原田真見訳『破断の時代——二〇世紀の文化と社会』慶應大学出版会、二〇一六年

初出一覧

・「はじめに——技術史から見た近代建築史」
「イメージとノイズ——インダストリアルヴァナキュラーの神話」（『ＳＤ』一九九〇年九月号、鹿島出版会）に加筆
・序章「建築の四層構造——メタル建築を総合的にとらえるマトリクス」
「建築の四層構造」（難波和彦編『建築の四層構造——サステイナブル・デザインをめぐる思考』ＩＮＡＸ出版、二〇〇九年）に加筆
・第一章「技術の世紀末」
「技術の世紀末」（鈴木博之＋東京大学建築学科編『近代建築論講義』東京大学出版会、二〇〇九年）に加筆
・第二—六章
「メタル建築論——もうひとつの近代建築史」（鈴木博之＋伊藤毅＋石山修武＋山岸常人編、シリーズ都市・建築・歴史9『材料生産の近代』東京大学出版会、二〇〇五年）に加筆
・補論1「アルミニウム建築——もうひとつのメタル建築」
「アルミエコハウスの開発と実験」（難波和彦編『建築の四層構造——サステイナブル・デザインをめぐる思考』ＩＮＡＸ出版、二〇〇九年）に加筆
・補論2「ミース問題——コンポジションとコンストラクション」
「柱と皮膜」（『建築文化』一九九八年一月号、彰国社）に加筆

特記なき章は書き下ろし

［著者］

難波和彦（なんば・かずひこ）

建築家、東京大学名誉教授。一九四七年大阪生まれ、東京大学建築学科卒業、同大学院博士課程修了。工学博士。大阪市立大学教授、東京大学大学院教授を歴任。現在、難波和彦＋界工作舎代表。

主著に『戦後モダニズム建築の極北 池辺陽試論』彰国社、『箱の家 エコハウスをめざして』NTT出版、『建築の四層構造 サステイナブル・デザインをめぐる思考』INAX出版、『東京大学建築学科難波研究室活動全記録』角川学芸出版、『新しい住宅の世界』放送大学教育振興会、『進化する箱』TOTO建築叢書、『建築家の読書塾』みすず書房、訳書に『レム・コールハース｜OMA 驚異の構築』鹿島出版会ほか。

SD選書268

メタル建築史《けんちくし》 もうひとつの近代《きんだい》建築史《けんちくし》

二〇一六年一一月二五日 第一刷発行

著者 難波《なんば》和彦《かずひこ》
発行者 坪内文生
発行所 鹿島出版会
〒一〇四―〇〇二八 東京都中央区八重洲二―五―一四
電話〇三（六二〇二）五二〇〇
振替〇〇一六〇―二―一八〇八八三

印刷・製本 三美印刷

ISBN 978-4-306-05268-0 C1352

本書の内容に関するご意見・ご感想は左記までお寄せください。
URL: http://www.kajima-publishing.co.jp
e-mail: info@kajima-publishing.co.jp

SD選書目録

四六判（＊＝品切）

001 現代デザイン入門 勝見勝著
002＊ 現代建築12章 L・カーン他著 山本学治訳編
003＊ 都市とデザイン 栗田勇著
004＊ 江戸と江戸城 内藤昌著
005 日本デザイン論 伊藤ていじ著
006＊ ギリシア神話と壺絵 沢柳大五郎著
007 フランク・ロイド・ライト 谷川正己著
008 きもの文化史 河鰭実英著
009 素材と造形の歴史 山本学治著
010＊ 今日の装飾芸術 ル・コルビュジエ著 前川国男訳
011 コミュニティとプライバシイ C・アレグザンダー著 岡田新一訳
012＊ 新桂離宮論 内藤昌著
013 日本の工匠 伊藤ていじ著
014 現代絵画の解剖 木村重信著
015 ユルバニスム ル・コルビュジエ著 樋口清訳
016＊ デザインと心理学 穐山貞登著
017 私と日本建築 A・レーモンド著 三沢浩訳
018＊ 現代建築を創る人々 神代雄一郎編
019 芸術空間の系譜 高階秀爾著
020 日本美の特質 吉村貞司著
021 建築をめざして ル・コルビュジエ著 吉阪隆正訳
022＊ メガロポリス J・ゴットマン著 木内信蔵訳
023 日本の庭園 田中正大著
024＊ 明日の演劇空間 尾崎宏次著
025 都市形成の歴史 A・コーン著 星野芳久訳
026＊ 近代絵画 A・オザンファン他著 吉川逸治訳
027 イタリアの美術 A・ブラント著 中森義宗訳
028 明日の田園都市 E・ハワード著 長素連訳
029＊ 移動空間論 川添登著
030＊ 日本の近世住宅 平井聖著
031＊ 新しい都市交通 B・リチャーズ著 曽根幸一他訳
032＊ 人間環境の未来像 W・R・イーウォルド編 磯村英一他訳
033 輝く都市 ル・コルビュジエ著 坂倉準三訳
034 アルヴァ・アアルト 武藤章著
035＊ 幻想の建築 坂崎乙郎著
036＊ カテドラルを建てた人びと J・ジャンペル著 飯田喜四郎訳
037 日本建築の空間 井上充夫著
038＊ 環境開発論 浅田孝著
039＊ 都市と娯楽 加藤秀俊著
040＊ 郊外都市論 H・カーヴァー著 志水英樹訳
041＊ 都市文明の源流と系譜 藤岡謙二郎著
042＊ 道具考 榮久庵憲司著
043 ヨーロッパの造園 岡崎文彬著
044＊ 未来の交通 H・ヘルマン著 岡寿麿訳
045＊ 古代技術 H・ディールス著 平田寛訳
046＊ キュビスムへの道 D・H・カーンワイラー著 千足伸行訳
047＊ 近代建築再考 藤井正一郎著
048＊ 古代科学 J・L・ハイベルク著 平田寛訳
049 住宅論 篠原一男著
050＊ ヨーロッパの住宅建築 S・カンタクシーノ著 山下和正訳
051＊ 都市の魅力 清水馨八郎、服部銈二郎著
052＊ 東照宮 大河直躬著
053 茶匠と建築 中村昌生著
054＊ 住居空間の人類学 石毛直道著
055 空間の生命 人間と建築 坂崎乙郎著
056＊ 環境とデザイン G・エクボ著 久保貞訳
057＊ 日本美の意匠 水尾比呂志著
058＊ 新しい都市の人間像 R・イールズ他編 木内信蔵監訳
059 京の町家 島村昇他編
060＊ 都市問題とは何か R・パーノン著 片桐達夫訳
061 住まいの原型Ⅰ 泉靖一編
062＊ コミュニティ計画の系譜 佐々木宏著
063＊ 近代建築 V・スカーリー著 長尾重武訳
064＊ SD海外建築情報Ⅰ 岡田新一編
065＊ SD海外建築情報Ⅱ 岡田新一編
066 天上の館 J・サマーソン著 鈴木博之訳
067 木の文化 小原二郎著
068＊ SD海外建築情報Ⅲ 岡田新一編
069＊ 地域・環境・計画 水谷穎介著
070＊ 都市虚構論 池田亮二著
071 現代建築事典 W・ペーント編 浜口隆一他日本語版監修
072＊ ヴィラール・ド・オヌクールの画帖 藤本康雄著
073＊ タウンスケープ T・シャープ著 長素連他訳
074＊ 現代建築の源流と動向 L・ヒルベルザイマー著 渡辺明次訳
075＊ 部族社会の芸術家 M・W・スミス編 木村重信他訳
076 キモノ・マインド B・ルドフスキー著 新庄哲夫訳
077 住まいの原型Ⅱ 吉阪隆正他著
078 実存・空間・建築 C・ノルベルグ＝シュルツ著 加藤邦男訳
079＊ SD海外建築情報Ⅳ 岡田新一編
080＊ 都市の開発と保存 上田篤、鳴海邦碩編
081＊ 爆発するメトロポリス W・H・ホワイトJr.他著 小島将志訳
082＊ アメリカの建築とアーバニズム(上) V・スカーリー著 香山壽夫訳
083＊ アメリカの建築とアーバニズム(下) V・スカーリー著 香山壽夫訳
084＊ 海上都市 菊竹清訓著
085＊ アーバン・ゲーム M・ケンツレン著 北原理雄訳

086* 建築2000 C・ジェンクス著 工藤国雄訳
087* 日本の公園 田中正大著
088* 現代芸術の冒険 O・ビハリメリン著 坂崎乙郎他訳
089* 江戸建築と本途帳 西和夫著
090* 大きな都市小さな部屋 渡辺武信著
091* イギリス建築の新傾向 R・ランダウ著 鈴木博之訳
092* SD海外建築情報V 岡田新一編
093* IDの世界 豊口協著
094* 交通圏の発見 有末武夫著
095 建築とは何か B・タウト著 篠田英雄訳
096* 続住宅論 篠原一男著
097* 建築の現在 長谷川堯著
098* 都市の景観 G・カレン著 北原理雄訳
099* SD海外建築情報VI 岡田新一編
100* 都市空間と建築 U・コンラーツ著 伊藤哲夫訳
101* 環境ゲーム T・クロスビイ著 松平誠訳
102* アテネ憲章 ル・コルビュジエ著 吉阪隆正訳
103* プライド・オブ・プレイス シヴィック・トラスト著 井手久登他訳
104* 構造と空間の感覚 F・ウイルソン著 山本学治他訳
105* 現代民家と住環境体 大野勝彦著
106* 光の死 H・ゼーデルマイヤ著 森洋子訳
107* アメリカ建築の新方向 R・スターン著 鈴木一訳
108* 近代都市計画の起源 L・ベネヴォロ著 横山正訳
109* 中国の住宅 劉敦槙著 田中淡他訳
110* 現代のコートハウス D・マッキントッシュ著 北原理雄訳
111 モデュロールI ル・コルビュジエ著 吉阪隆正訳
112 モデュロールII ル・コルビュジエ著 吉阪隆正訳
113* 建築の史的原型を探る B・ゼーヴィ著 鈴木美治訳
114 西欧の芸術1 ロマネスク上 H・フォシヨン著 神沢栄三他訳
115 西欧の芸術1 ロマネスク下 H・フォシヨン著 神沢栄三他訳
116 西欧の芸術2 ゴシック上 H・フォシヨン著 神沢栄三他訳
117 西欧の芸術2 ゴシック下 H・フォシヨン著 神沢栄三他訳
118* アメリカ大都市の死と生 J・ジェイコブス著 黒川紀章訳
119* 遊び場の計画 R・ダットナー著 神谷五男他訳
120 人間の家 ル・コルビュジエ他著 西沢信弥訳
121* 街路の意味 竹山実著
122* パルテノンの建築家たち R・カーペンター著 松島道也訳
123 ライトと日本 谷川正己著
124 空間としての建築(上) B・ゼーヴィ著 栗田勇訳
125 空間としての建築(下) B・ゼーヴィ著 栗田勇訳
126 かいわい[日本の都市空間] 材野博司著
127* 歩行者革命 S・プライネス他著 岡並木監訳
128 オレゴン大学の実験 C・アレグザンダー著 宮本雅明訳
129* 都市はふるさとか F・レンツローマイス著 武基雄他訳
130* 建築空間[尺度について] P・ブドン著 中村貴志訳
131* アメリカ住宅論 V・スカーリーJr.著 長尾重武訳
132* タリアセンへの道 谷川正己著
133* 建築VS.ハウジング M・ポウリー著 山下和正訳
134* 思想としての建築 栗田勇著
135* 人間のための都市 P・ペーターズ著 河合正一訳
136* 都市憲章 磯村英一著
137* 巨匠たちの時代 R・バンハム著 山下泉訳
138 三つの人間機構 ル・コルビュジエ著 山口知之訳
139 インターナショナル・スタイル H・R・ヒッチコック他著 武沢秀一訳
140 北欧の建築 S・E・ラスムッセン著 吉田鉄郎訳
141* 続建築とは何か B・タウト著 篠田英雄訳
142* 四つの交通路 ル・コルビュジエ著 井田安弘訳
143 ラスベガス R・ヴェンチューリ他著 石井和紘他訳
144 ル・コルビュジエ C・ジェンクス著 佐々木宏訳
145* デザインの認識 R・ソマー著 加藤常雄訳
146* 鏡[虚構の空間] 由水常雄著
147* イタリア都市再生の論理 陣内秀信著
148 東方への旅 ル・コルビュジエ著 石井勉他訳
149 建築鑑賞入門 W・W・コーディル他著 六鹿正治訳
150* 近代建築の失敗 P・ブレイク著 星野郁美訳
151* 文化財と建築史 関野克著
152* 日本の近代建築(上)その成立過程 稲垣栄三著
153* 日本の近代建築(下)その成立過程 稲垣栄三著
154 住宅と宮殿 ル・コルビュジエ著 井田安弘訳
155* イタリアの現代建築 V・グレゴッティ著 松井宏方訳
156 バウハウス[その建築造形理念] 杉本俊多著
157 エスプリ・ヌーヴォー[近代建築名鑑] ル・コルビュジエ著 山口知之訳
158* 建築について(上) F・L・ライト著 谷川睦子他訳
159 建築について(下) F・L・ライト著 谷川睦子他訳
160* 建築形態のダイナミクス(上) R・アルンハイム著 乾正雄訳
161 建築形態のダイナミクス(下) R・アルンハイム著 乾正雄訳
162 見えがくれする都市 槇文彦他著
163* 街の景観 G・バーク著 長素連他訳
164 環境計画論 田村明著
165* アドルフ・ロース 伊藤哲夫著
166* 空間と情緒 箱崎総一著
167 水空間の演出 鈴木信宏著
168* モラリティと建築 D・ワトキン著 榎本弘之訳
169* ペルシア建築 A・U・ポープ著 石井昭訳
170* ブルネッレスキ ルネサンス建築の開花 G・C・アルガン著 浅井朋子訳
171 装置としての都市 月尾嘉男著
172 建築家の発想 石井和紘著
173 日本の空間構造 吉村貞司著
174 建築の多様性と対立性 R・ヴェンチューリ著 伊藤公文訳
175 広場の造形 C・ジッテ著 大石敏雄訳
176 西洋建築様式史(上) F・バウムガルト著 杉本俊多訳
177 西洋建築様式史(下) F・バウムガルト著 杉本俊多訳
178 木のこころ 木匠回想記 G・ナカシマ著 神代雄一郎他訳

179* 風土に生きる建築 若山滋著
180* 金沢の町家 島村昇著
181* ジュゼッペ・テッラーニ B・ゼーヴィ編 鵜沢隆訳
182* 水のデザイン D・ベーミングハウス著 鈴木信宏訳
183* ゴシック建築の構造 R・マーク著 飯田喜四郎訳
184 建築家なしの建築 B・ルドフスキー著 渡辺武信訳
185 プレシジョン(上) ル・コルビュジエ著 井田安弘他訳
186 プレシジョン(下) ル・コルビュジエ著 井田安弘他訳
187* オットー・ワーグナー H・ゲレツェッガー他著 伊藤哲夫他訳
188 環境照明のデザイン 石井幹子著
189 ルイス・マンフォード 木原武一著
190 「いえ」と「まち」 鈴木成文他著
191 アルド・ロッシ自伝 A・ロッシ著 三宅理一訳
192 屋外彫刻 M・A・ロビネット著 千葉成夫訳
193 「作庭記」からみた造園 飛田範夫著
194 トーネット曲木家具 K・マンク著 宿輪吉之典訳
195 劇場の構図 清水裕之著
196 オーギュスト・ペレ 吉田鋼市著
197 アントニオ・ガウディ 鳥居徳敏著
198 インテリアデザインとは何か 三輪正弘著
199* 都市住居の空間構成 東孝光著
200 ヴェネツィア 陣内秀信著
201 自然な構造体 F・オットー著 岩村和夫訳
202 椅子のデザイン小史 大廣保行著
203 都市の道具 GK研究所、榮久庵祥二著
204 ミース・ファン・デル・ローエ D・スペース著 平野哲行訳
205 表現主義の建築(上) W・ペーント著 長谷川章訳
206* 表現主義の建築(下) W・ペーント著 長谷川章訳
207 カルロ・スカルパ A・F・マルチャノ著 浜口オサミ訳
208* 都市の街割 材野博司著
209 日本の伝統工具 土田一郎著 秋山実写真

210 まちづくりの新しい理論 C・アレグザンダー他著 難波和彦監訳
211* 建築環境論 岩村和夫著
212 建築計画の展開 W・M・ペニヤ著 本田邦夫訳
213 スペイン建築の特質 F・チュエッカ著 鳥居徳敏訳
214* アメリカ建築の巨匠たち P・ブレイク他著 小林克弘他訳
215* 行動・文化とデザイン 清水忠男著
216 環境デザインの思想 三輪正弘著
217 ボッロミーニ G・C・アルガン著 長谷川正允訳
218 ヴィオレ・ル・デュク 羽生修二著
219 トニー・ガルニエ 吉田鋼市著
220 住環境の都市形態 P・パヌレ他著 佐藤方俊訳
221 古典建築の失われた意味 G・ハーシー著 白井秀和訳
222 パラディオへの招待 長尾重武著
223* ディスプレイデザイン 魚成祥一郎監修 清家清序文
224 芸術としての建築 S・アバークロンビー著 白井秀和訳
225 フラクタル造形 三井秀樹著
226 ウイリアム・モリス 藤田治彦著
227 エーロ・サーリネン 穂積信夫著
228 都市デザインの系譜 相田武文、土屋和男著
229 サウンドスケープ 鳥越けい子著
230 風景のコスモロジー 吉村元男著
231 庭園から都市へ 材野博司著
232 都市・住宅論 東孝光著
233 ふれあい空間のデザイン 清水忠男著
234 さあ横になって食べよう B・ルドフスキー著 多田道太郎監修
235 間(ま)――日本建築の意匠 神代雄一郎著
236 都市デザイン J・バーネット著 兼田敏之訳
237 建築家・吉田鉄郎の『日本の住宅』 吉田鉄郎著
238 建築家・吉田鉄郎の『日本の建築』 吉田鉄郎著
239 建築家・吉田鉄郎の『日本の庭園』 吉田鉄郎著
240 建築史の基礎概念 P・フランクル著 香山壽夫監訳

241 アーツ・アンド・クラフツの建築 片木篤著
242 ミース再考 K・フランプトン他著 澤村明＋EAT訳
243 歴史と風土の中で 山本学治建築論集①
244 造型と構造と 山本学治建築論集②
245 創造するこころ 山本学治建築論集③
246 アントニン・レーモンドの建築 三沢浩著
247 神殿か獄舎か 長谷川堯著
248 ルイス・カーン建築論集 ルイス・カーン著 前田忠直編訳
249 映画に見る近代建築 D・アルブレヒト著 萩正勝訳
250 様式の上にあれ 村野藤吾著作選
251 コラージュ・シティ C・ロウ、F・コッター著 渡辺真理著
252 記憶に残る場所 D・リンドン、C・W・ムーア著 有岡孝訳
253 エスノ・アーキテクチュア 太田邦夫著
254 時間の中の都市 K・リンチ著 東京大学大谷幸夫研究室訳
255 建築十字軍 ル・コルビュジエ著 井田安弘訳
256 機能主義理論の系譜 E・R・デ・ザーコ著 山本学治他訳
257 都市の原理 J・ジェイコブズ著 中江利忠他訳
258 建物のあいだのアクティビティ J・ゲール著 北原理雄訳
259 人間主義の建築 G・スコット著 邉見浩久、坂牛卓監訳
260 環境としての建築 R・バンハム著 堀江悟郎訳
261 パタン・ランゲージによる住宅の生産 C・アレグザンダー他著 中埜博監訳
262 褐色の三十年 L・マンフォード著 富岡義人訳
263 形の合成に関するノート／都市はツリーではない C・アレグザンダー著 稲葉武司、押野見邦英訳
264 建築美の世界 井上充夫著
265 劇場空間の源流 本杉省三著
266 日本の近代住宅 内田青藏著
267 個室の計画学 黒沢隆著
268 メタル建築史 難波和彦著